Christian Linker
Scriptkid

Christian Linker, geboren 1975, studierte Theologie und machte Jugendpolitik, bevor er sich ganz dem Schreiben widmete. Seine bei dtv junior erschienenen Romane wurden vielfach ausgezeichnet – »RaumZeit« wurde für den Deutschen Jugendliteraturpreis nominiert, »Dschihad Calling« stand auf der »Liste der Besten 7«.

Christian Linker

SCRIPTKID
Erpresst im Darknet

Thriller

dtv

Ausführliche Informationen über
unsere Autoren und Bücher
www.dtv.de

Von Christian Linker sind bei dtv junior außerdem lieferbar:
Das Heldenprojekt
Doppelpoker
Blitzlichtgewitter
Absolut am Limit
Stadt der Wölfe
Dschihad Calling
Der Schuss

FSC
www.fsc.org
MIX
Papier aus verantwortungsvollen Quellen
FSC® C019821

Originalausgabe

Umschlaggestaltung: dtv
Gesetzt aus der Scala
Satz: pagina GmbH, Tübingen
Druck und Bindung: Druckerei C.H.Beck, Nördlingen
Gedruckt auf chlorfrei gebleichtem Papier
Printed in Germany · ISBN 978-3-423-71810-3

»Nichts ist wahr, alles ist erlaubt.«
Friedrich Nietzsche

1

Penisbilder.
Nackte Brüste.
Noch mehr Brüste.
Eine abgetrennte Hand (real oder fake?).
Eine flatternde Südstaatenflagge.
Eine Hakenkreuzflagge.
Mangas.
Brüste.

Jungs-Bullshit.

Manchmal denke ich, ich bin das einzige Mädchen, das auf dem /b/-Board bei 4chan abhängt. Oder der einzige Mensch mit Hirn.

Oder mit Geschmack.

Was womöglich alles dasselbe ist, auch wenn Daemon mir da jetzt widersprechen würde. Aber der ist ja gerade nicht online und ich hab auch keinen Bock, an ihn zu denken; denn das, was ich hier nebenherlaufen lasse, würde er natürlich absolut scheiße finden.

Hey, Zille, würde er sagen, such dir richtige Feinde, anstatt mit deinen Billig-Tools für ein paar Dollar arme, unschuldige Server anzugreifen.

Dabei geht es doch nicht um Schuld oder Unschuld oder gar Feindschaft. Nicht mal so richtig um das Geld.

Ich mache das hier eigentlich vor allem aus einem Grund: *weil ich es kann.*

Ich liebe es, wenn in dem Fenster rechts oben auf dem Bildschirm meines Laptops vor dem schwarzen Hintergrund die grünen Ziffern und Buchstaben nach oben rieseln wie ein umgekehrter Wasserfall in einem stummen Traum. Ich muss ja nicht viel tun, die Attacke läuft alleine vor sich hin, die Software bombardiert den gegnerischen Server mit ihren Anfragen. Im Fenster links unten scrolle ich währenddessen durch das /b/-Board mit seinen entblößten Geschlechtsteilen, abgetrennten Gliedmaßen und durchgeknallten Tierbildern. Auch dieses bescheuerte Board mag ich irgendwie, diese Ansammlung von Bullshit, völlig sinnlos, völlig anonym, immer nur für kurze Zeit online und dann für immer im Nirwana – du aktualisierst die Seite und schon ist neuer Bullshit da.

Zwischendurch lade ich im dritten Fenster erneut die Website von *Beppo's Pizzaservice.* Die Seite zickt mächtig herum, sie stottert, röchelt, geht in die Knie, dann ist sie down. *Server nicht gefunden.* Bäm!

Angriff erfolgreich!

Da kommt für die nächste halbe Stunde keine Bestellung mehr rein.

Nee – also ein »Feind« ist dieser Laden nun wirklich

nicht, jedenfalls nicht für mich. Keine Ahnung, welches Problem ein gewisser Bloody_F!ght3r mit Beppo hat. Vielleicht ist das ein Schutzgelderpresser. Oder nur ein unzufriedener Kunde, dem einfach nicht genug Käse auf der letzten Pizza war. Egal, denn bei *mir* ist der Kunde König. Ich mache den Job, ohne zu fragen.

Es klopft an meine Tür. Das ist wohl Mutti, denn außer ihr und mir wohnt niemand hier.

Klar weiß ich, wie bescheuert *Mutti* klingt. Deshalb nenne ich sie ja so.

Mutti streckt den Kopf zur Tür rein.

»Du bist noch wach?«

»Wie du siehst, Mutti.«

Viel sieht sie eigentlich nicht. Ich hocke auf dem Sitzsack unter meinem Hochbett und habe den Rechner im Schoß, der schwache Schein des vierfach geteilten Bildschirms macht das einzige Licht im Raum. Doch jetzt schiebt Mutti die Tür auf und damit einen gleißend grellen Keil Helligkeit herein. Sie steht da wie aus einer anderen Dimension, der Deckenstrahler im Flur blendet mich und ich sehe nur ihre Umrisse, nicht ihr Gesicht.

Sie beugt sich zu mir herunter und fragt: »Hast du denn für die Matheklausur gelernt?«

»Was glaubst du, was ich hier mache?«

Das ist keine Antwort. Und genau das könnte sie mir ja jetzt sagen: dass sie eine Antwort will. Oder was sie denn stattdessen *tatsächlich* glaubt, was ich mache. Sie könnte sich ja mal dafür interessieren.

Doch sie sagt nur: »Entschuldige, Celina, ich wollte dir nicht zu nahe treten.«

Nee, genau.

»Dann tu es halt nicht«, gebe ich zurück.

Ich weiß selbst nicht, warum ich oft so ätzend zu ihr bin.

Und ist es überhaupt so schlimm, dass Beppos Pizzaservice jetzt für eine Weile keine Online-Bestellungen mehr kriegt, sondern nur noch – wie im Mittelalter – schnöde per Telefon? Können die Lieferknechte halt mal Pause machen, 'ne Zigarette rauchen.

Im vierten Fenster meines Bildschirms bewegt sich was. Meine Torbox hat eine neue Nachricht! Immer noch aufregend. Ich bin schließlich erst seit ein paar Wochen im Darknet unterwegs. Jeder neue Kontakt ist wie ein neuer Planet in dieser riesenhaften, betörend finsteren Netz-Galaxis.

Ich möchte nicht draufklicken, solange Mutti hier steht, sich wieder aufrichtet und das große Wandtattoo von La Catrina anstarrt, diesem mexikanischen Skelettmädchen mit dem breiten Hut, dem wallenden Haar und den Gewändern aus tausend Farben. Als würde sie darauf warten, dass La Catrina ihr etwas über mich mitteilt, was ich selber nicht sagen kann. Oder will.

Sie beugt sich noch einmal zu mir und sagt: »Wenn du wenigstens ab und zu mal diese Kapuze abnehmen würdest ...«

»Schlaf gut«, sage ich bloß.

»Ja. Du auch, mein Schatz.«

Sie beugt sich tiefer, will mich vielleicht umarmen,

kommt aber nicht an mich heran. Also wirft sie mir einen Handkuss zu und zieht sich mit einem Seufzer zurück. Jeden Abend macht sie denselben Seufzer. Der Lichtkeil schrumpft zu einem dünnen Faden zusammen und verschwindet im Türspalt.

Ich klicke auf die Nachricht.

Sie ist leer.

Der Absender hat eine imposante Mailadresse: *beyond_good_and_evil@torbox3uiot6wchz.onion*. Aber dafür offenbar nichts zu sagen. Doch eine Datei hängt an, ein Bild. Ich öffne es und sehe die Schwarz-Weiß-Zeichnung eines Insekts. Eine Mischung aus Wespe und Ameise. Unten links am Bildrand stehen sehr klein vier Ziffern: 1873.

Eine Jahreszahl?

Oder was?

Das muss ein verdammtes Rätsel sein!

So ein ähnliches Rätsel hat schon einmal im Internet von sich reden gemacht. Daemon hat das erwähnt, als wir vor einiger Zeit übers Hacken geschrieben haben. Aber ich kriege die Geschichte nicht mehr zusammen. Ich muss ihn bei nächster Gelegenheit danach fragen.

Erst einmal beende ich die DDoS-Attacke, damit der arme kleine Pizzabäcker seine Website wiederhat. Das schöne grüne Rieseln verebbt, der Cursor blinkt unschlüssig vor sich hin.

Nein, Daemon würde das gar nicht gut finden. Erstens hält er nichts von gebrauchsfertigen Hacking-Tools, die man irgendwo für kleines Geld kaufen kann, und zweitens schon gar nichts davon, irgendwen oder irgendwas zu hacken, was nicht wenigstens zum ultimativen Bösen gehört.

Tierversuchsanstalten, Waffenfabriken, so was halt. Er macht immer sehr einen auf Moral. Doch im Darknet weißt du noch weniger als sonst wo, ob jemand echt ist oder Fake. Ich weiß von Daemon, dass er einundzwanzig ist und ausschließlich aus politischen Gründen hackt; dass er nicht weit weg von hier lebt und dass er solo ist. Letzteres ist mir übrigens vollkommen egal.

Und der Rest könnte ebenso gut ausgedacht sein. Er weiß anscheinend so viel über Computer und das Internet und über das Deep Web, das darunterliegt, und über das Darknet, das noch so unendlich viel tiefer darunterliegt, dass er vermutlich eher vierzig als einundzwanzig ist. Ein fetter vierzigjähriger Nerd mit strähnig dünnem Haar, der den ganzen Tag vor dem Rechner sitzt, mit einer Pizza im Karton auf dem Schoß. Vielleicht ja von Beppo.

Nee, keine Ahnung. Aber das macht es ja interessant.

Ich kann mit ihm jedenfalls ziemlich gut reden. Leider kenne ich seine Stimme nicht. Aber wenn wir uns schreiben, höre ich sie trotzdem in meinem Kopf.

Mutti will auch ständig reden. Sie will, dass ich sie bei ihrem Vornamen nenne, Ines.

Bevor mein Vater ausgezogen ist, habe ich *Mama* zu ihr gesagt, das war doch okay. Aber jetzt sind wir zwei Frauen *übrig geblieben*, sagt sie, da müssen wir *zusammen-*

halten wie beste Freundinnen, sagt sie, aber erstens ist sie *allein* übrig geblieben, ich nicht. Mein Vater war ja nur mit *ihr* verheiratet und nicht mit mir. Zweitens ist sie achtundvierzig und ich bin siebzehn und ich will keine beste Freundin haben, die fast dreimal so alt ist wie ich. Drittens habe ich nämlich schon eine beste Freundin. Yu-Mi, der beste weibliche Point Guard diesseits des Atlantiks, die letzte Woche wieder fünf Dreier geworfen hat.

Also wenn ich mit jemandem losziehen will, Party machen oder shoppen oder meinetwegen einfach ein Bier an der Bushaltestelle trinken, dann mit Yu-Mi und nicht mit – genau: Mutti.

Wobei ich sagen muss, dass ich eh ziemlich selten losziehe ...

Ja, ich weiß, ganz viele Mädchen verstehen sich ganz toll mit ihrer Mutter, aber zur Hölle – was für ein Bullshit. Ständig will sie reden, verständnisvoll sein. Sie will mich akzeptieren, fördern und ermutigen, sagt sie, damit ich eine selbstbewusste, autonome und vor allem emanzipierte Frau werde, sagt sie; und im nächsten Moment sagt sie dann, ich soll doch nicht immer Kapuze tragen bei meinen schönen Haaren. Und doch auch mal ein paar hübsche Schuhe kaufen, nicht immer nur diese Boots.

Nein, zum Reden habe ich Yu-Mi. Beziehungsweise seit einiger Zeit vor allem Daemon. Ich maile ihm das Bild mit dem seltsamen Insekt und der Zahl. Ihm wird dazu was einfallen. Ich bin mir ziemlich sicher, dass es damit irgendwas auf sich hat. Dass es nicht einfach Unsinn ist, den mir irgendwer geschickt hat, aus was auch immer für Gründen. Sondern dass es etwas zu bedeuten hat.

Ich wünsche es mir einfach.

Es wäre echt an der Zeit, dass mal was Bedeutendes geschieht.

Ich klicke das Fenster mit dem /b/-Board zu. Manchmal habe ich Angst, dass wir alle genau das sind, wonach das Board benannt ist: *random*. Zufällig. Willkürlicher Bullshit, der kurz aufscheint und dann ins Vergessen fällt. Als wäre das ganze Universum so ein Board, und davor sitzt ein gelangweilter Gott mit einem Softdrink in der Hand und drückt ab und zu auf den Refresh-Button.

Ob ich jetzt trotzdem noch ein bisschen für die Matheklausur lernen soll?

2

Irgendwas mit Primzahlen!

In dieser Matheklausur hier geht es gerade um Integrale, nicht um Primzahlen. Trotzdem schießt mir das durch den Kopf. Denn von Primzahlen handelte doch die Geschichte, von der Daemon mir einmal geschrieben hat. Von Primzahlen und auch von so einem Insekt. Ist die 1873 eine Primzahl? Ich kritzle die Ziffern auf mein Schmierpapier und versuche, die Zahl zu teilen. Durch drei, durch sieben … ich sollte mich auf die Matheaufgabe konzentrieren, aber das funktioniert plötzlich nicht mehr. Es ist eine Primzahl. Warum schickt mir jemand ein Bild mit einem Insekt und einer Primzahl? Es ist eine Challenge, ganz klar.

Zikade, so nennt man dieses Insekt, glaube ich. Jedenfalls in der Geschichte von Daemon, das hab ich letzte Nacht noch gegoogelt. *Cicade 3301*, das war vor ein paar Jahren eine Rätselbotschaft, die plötzlich auf 4chan.org aufgetaucht war, auf dem /b/-Board voller Bullshit. Zusammen mit dem Hinweis, dass eine unbekannte Organisation die Besten der besten Leute sucht. Das war es, wovon Daemon mir erzählt hat. Bis heute weiß niemand, wer hinter *Cicade* steckt. Manche meinen, das FBI, andere glauben, *Anonymus* oder irgendeine andere Hackergruppe. Eine mysteriöse Gruppe, die Nachwuchs rekrutiert. Und jetzt wollen sie – oder irgendwelche anderen halt – ausgerechnet mich? Irgendwo in diesem Bild wartet eine versteckte Botschaft auf mich. Vielleicht ja von Daemon? Könnte zu ihm passen.

Am liebsten würde ich Yu-Mi neben mir anstupsen und sie nach ihrer Meinung fragen, was natürlich Quatsch ist, denn erstens kennt sie Daemon ebenso wenig wie ich, zweitens würde sie nicht mal dann von ihrem Klausurbogen aufschauen, wenn neben ihr ein Stripteasetänzer aus einer Torte springt. Ihre samtschwarzen Haare hängen wie eine Gardine vor ihrem Gesicht und dem Klausurbogen nebst Aufgabenblatt. Sie ist absolut fokussiert, sie ist quasi eins geworden mit der Funktion, die sie gerade ausrechnet.

Ich hingegen bin komplett raus. Lasse den Blick durch den Raum schweifen. Knapp dreißig Köpfe, niedergebeugt aufs Papier. Nur nicht der von Leo. Leo glotzt an die Decke, scheint angestrengt zu grübeln und nuckelt dabei am Ende seines Bleistifts wie ein Baby am Schnuller. Vielleicht träumt er von Nadjas *ultragöttlichem Hintern*. Jedenfalls hat er das gestern Abend so formuliert, in seiner WhatsApp-Nachricht an Mert.

Jetzt schaut er mich an, nimmt den Stift aus dem Mund und grinst schief. Würde ihm einer sagen: Hey, Leo, rate mal, wer das war, der dein Handy geknackt hat! – dann wäre mein Name sicher der allerletzte, der ihm einfiele. Genau darum hab ich das damals getan. Damals? Na, so lange ist es ja noch gar nicht her. Leo war mein Debüt und ohne ihn und seine scheiß Sprüche hätte ich mich sicher niemals aufgemacht, um das Darknet zu erkunden. Vielleicht sollte ich mich eines Tages bei ihm bedanken. Jetzt fährt er die Zunge aus und leckt an seinem Stift wie an einer Zuckerstange. Keine Ahnung, was er mir damit sagen will. Ich verdrehe die Augen und versuche mit Gewalt, irgendwie einen Weg zurück in die Matheklausur zu finden.

Nein, es funktioniert einfach nicht. Ich schiebe die Stifte in mein Mäppchen, streiche einmal – ohne Grund, vielleicht eine Art Ritual oder so was – mit der Handkante quer über den Klausurbogen, stehe auf und lege das Ding vorn aufs Pult.

Die Lehrerin, die gerade Aufsicht führt, guckt mich überrascht an.

»Sie müssen nicht abgeben, wenn Sie zur Toilette wollen.«

»Nee«, sage ich, »ich bin fertig.«

Da muss sogar Yu-Mi den Kopf heben und mir einen fragenden Blick zuwerfen.

Ich mache eine Geste mit Daumen und kleinem Finger neben meinem Ohr, dass wir später telefonieren werden. Dann ziehe ich meine Kapuze über den Kopf und verlasse den Raum.

Es ist noch früh am Morgen, gerade läuft die zweite Stunde, überall herrscht schläfrige Stille auf den Fluren. Die Klausur wird wohl eine Vier minus oder Fünf, na ja. Schule ist auch irgendwie *random*. Und ich genieße das Gefühl, dass ich plötzlich einen freien Vormittag habe. Zu spät fällt mir leider was ein: Da gibt es diese Regel, dass niemand mehr den Raum verlassen darf, sobald die erste Person ihre Klausur abgegeben hat. Das könnte jetzt natürlich blöd werden für die anderen, falls die mal aufs Klo müssen …

Draußen ist November. Und zwar nicht von dieser mystisch nebligen Sorte, wo man sich in wohlig düstere Gedanken über Vergänglichkeit einwickeln kann. Sondern von dieser pissigen Sorte, wo einem ständig ein hinterlistiger Nieselregen unter die Haut kriecht wie ein blindes Heer von winzigen Würmern und Trojanern. Weil meine mobilen Daten natürlich wieder restlos aufgebraucht sind, glotze ich einfach nur aus dem Fenster der Straßenbahn in die graue Welt hinaus und versuche zum tausendsten Mal, mir Daemons Gesicht vorzustellen.

Mutti arbeitet praktischerweise ziemlich viel. Sie bringt Leute zum Schlafen. Klingt nach Lehrerin, ist sie aber nicht. Sondern Anästhesistin, sie schickt die Patienten im Krankenhaus vor einer Operation ins Reich der Träume und sorgt dafür, dass sie auch wieder zurückkommen. Das ist natürlich ein Job mit ziemlich großer Verantwortung, keine Frage, sie hält jeden Tag Menschenleben in ihren Händen. Mich würde so was gruseln. Aber zu ihr passt das, finde ich. Ich vermute, sie kommt mit schlafenden Leuten einfach besser klar als mit denen, die wach sind.

Jedenfalls mag ich ihre Arbeitszeiten. Die sorgen dafür, dass ich die Wohnung meistens für mich habe.

Mein Insekt ist übrigens doch keine Zikade, sagt mir die Bildersuche im Web, sondern eine Zikadenwespe. Ein Parasit, dessen Larven im Innern von Zikaden wachsen. Das Tierchen schlüpft und frisst dabei die Organe seines Wirtstieres auf. Keine schöne Art, sich für die Gastfreundschaft zu bedanken. Was will mir der unbekannte Absender damit sagen?

Daemon ist nicht online. Vielleicht sollte ich ihn gar nicht danach fragen. Wenn er es wirklich war, der mir die Mail geschickt hat, dann soll das sicher irgendein Test werden.

Aber wozu?

Und eigentlich habe ich gar keinen Bock darauf, eine Testperson zu sein. Ich überlege, wer alles diese Mail-Adresse kennt. Es kommen nur Leute infrage, mit denen ich im Darknet Kontakt hatte. Wobei – am Anfang hab ich mich auf einigen Foren herumgetrieben, um mich dort unten überhaupt erst mal zu orientieren, und da habe ich natürlich hier und da auch die Adresse hinterlassen.

Ich lehne mich tief in meinen Sitzsack und versenke mich ganz in die Betrachtung der Zikadenwespe. Schwarzes

Tierchen auf weißem Grund. Dünne Taille und praller Hinterleib – ein bisschen wie Nadja? –, zwei lange Fühler und sechs feingliedrige Beine. Es ist genau symmetrisch. Hat das was zu bedeuten? Wofür steht die Primzahl?

Eine Mail. Bloody_F!ght3r bedankt sich für den guten Job gestern. Da hätten die Spaghettifresser sicher schön blöd geguckt, schreibt er. Ist der ein Rassist oder was? Na, egal. Solche Leute, solche Jobs sind auch *random*. Ich meine – dieser Pizzadienst wird schon nicht pleitegehen, nur weil seine Website mal für eine halbe Stunde down war. Ich muss kein schlechtes Gewissen haben. Echt nicht. Jetzt wirklich nicht. Vielleicht spornt das diesen Beppo an, demnächst halt in IT-Sicherheit zu investieren. Falls der Besitzer überhaupt Beppo heißt, aber bestimmt ist das auch einfach nur ein Label. Hauptsache, Bloody_F!ght3r gibt mir eine gute Bewertung auf dem Marktplatz von *Dark Place to be*.

Nee, es geht nicht darum, was auf dem Bild zu sehen ist. Das ist schließlich kein Rätsel für Insektensammler und auch nicht für Leute, die auf Zeichnungen stehen. Es ist ein Rätsel für Hacker. Klar, schließlich bin ich ein Hacker.

Mit ein bisschen Googeln finde ich heraus, wie sie damals das *Cicade 3301*-Rätsel geknackt haben, jedenfalls den Anfang des Rätsels. Sie haben das Foto mit WordPad geöffnet, das reinen Text anzeigt. Das tue ich jetzt auch. Heraus kommen endlose Seiten voller unzusammenhängender Ziffern, Buchstaben und Sonderzeichen. Doch als ich bis ganz ans Ende scrolle, jagt mir ein Schauder den Rücken herunter. Da steht tatsächlich etwas. Ein Satz:

TIBERIUS CLAUDIUS NERO CAESAR SAYS:
kwnyesnjyxhmjfyytwgtc

Das sagt mir genau nichts.

Beziehungsweise zumindest eines doch: Hier gibt es tatsächlich ein Rätsel zu knacken – und ich habe den ersten Schritt geschafft! Da steigt Euphorie in mir hoch. Ich bin gut! Richtig gut! Die Catrina an der Wand lächelt. Mit ihren großen runden toten Augen sieht sie mich an und kurz kommt es mir vor, als würde sie zwinkern.

Da tut sich was im Chat-Fenster.

>Daemon: hi
>me: ...

Ich zögere. Witziger Zufall, dass er sich gerade jetzt meldet.

>Daemon: hi zille, bist du da? schon fertig mit mathe? gut gelaufen?
> me: ...

Wow, der hat sich das tatsächlich gemerkt. Ich bin beeindruckt. Ich würde ihn gern auch was fragen. Zu den Dingen, die er gerade so treibt. Aber ich weiß halt gar nicht, was das ist, das er treibt. Jedenfalls nicht richtig. Nicht so, dass ich mir was Konkretes darunter vorstellen kann.

>me: war mir zu läpsch :-) hab mir lieber was interessanteres zum tüfteln gesucht.
>Daemon: noch interessanter? was kann das sein?
>me: du hast mir mal von diesem Rätsel erzählt. *Cicade 3301.* erinnerst du dich?
>Daemon: ja. warum?

In knappen Sätzen schreibe ich, wie ich gestern Abend die anonyme Mail bekam. Und wie ich gerade vorhin den kryptischen Satz gefunden habe, der in dem Bild versteckt gewesen ist.

Für einen Moment steht da nur sein Name.

>Daemon: ...

Keine Wörter erscheinen. Vielleicht muss er auch erst nachdenken. Schließlich schreibt er weiter:

>Daemon: hast du ne idee, was das soll?
>me: nee. aber das macht es ja spannend. was das soll, kriege ich wohl erst am ende raus. das ist doch der sinn von rätseln.
>Daemon: am ende ist es vlt zu spät.
>me: hä? wofür zu spät?

>Daemon: für vorsichtsmaßnahmen.
>me: ?
>Daemon: es könnte ja eine falle sein.

Der will mich verarschen oder was.

>Daemon: du hast dich inzwischen bei ner menge leute unbeliebt gemacht. vlt ist einer darunter, der einfach keinen humor hat.

Eine Falle. Haha. Bullshit.
Ganz sicher.
Sicher.

3

Es war nie mein Traum, Hacker zu werden oder mich in den unendlichen Weiten des Darknets zu tummeln. Und zwar deshalb nicht, weil ich mir ja gar nicht ausmalen konnte, wie ungeheuer faszinierend das ist.

Es begann mit Leo. Damals kurz nach den Sommerferien. In der Bibliothek saß er uns gegenüber, vor sich einen Stapel kopierter Texte und ein Lateinwörterbuch, aber anstatt zu lernen, zockte er irgendein Game an seinem Handy. Yu-Mi hatte ihr Notebook aufgeklappt und zeigte mir, was ihr an ihrem eigenen Blog alles nicht gefiel.

»Ich habe keine Lust mehr auf vorgefertigte Designs«, sagte sie. »Ich werde einfach lernen, wie man so etwas programmiert, und dann baue ich mir selbst meinen eigenen Blog.«

»Du wirst es einfach lernen«, wiederholte ich und nickte bloß.

Wenn Yu-Mi sich so was vornimmt, schafft sie es auch. Sie ist das absolute Lernmonster. Sie beherrscht fünf Sprachen, sieben Musikinstrumente und mehrere Tausend koreanische Kochrezepte. Aber nur einen einzigen Gesichtsausdruck.

»Eigentlich sollte das ein ordentliches Schulfach sein«, sagte sie. »Wusstest du, dass Kinder in Polen und in den Niederlanden schon im ersten Schuljahr Informatik haben?«

»Ach, du willst also Programmieren lernen«, höhnte Leo von gegenüber, ohne richtig von seinem Handy aufzublicken. »Nur mal so nebenbei?«

»Ja, genau«, sagte Yu-Mi mit ihrem einen Gesichtsausdruck.

Dieser Ausdruck ist immer zurückhaltend freundlich. Ich hab sie noch nie anders gesehen. Sie kann traurig sein oder wütend oder sogar laut lachen, ohne eine Miene zu verziehen.

Leo blickte jetzt doch auf, legte den Kopf schräg und grinste abfällig.

»Nimm's nicht persönlich«, meinte er, »aber Programmieren ist doch immer noch was anderes, als schnell mal ein bisschen für Bio zu lernen oder Französisch oder was weiß ich. Wobei – Französisch, hey ...«

Ich kniff die Augen zusammen und schoss einen Todesblick auf ihn ab.

Doch Yu-Mi sagte bloß in gleichmütigem Tonfall: »Ich kann mir nicht vorstellen, dass HTML und CSS oder meinetwegen PHP so wahnsinnig schwer zu erlernen sind, wenn man systematisch an die Sache herangeht.«

»Ja, aber das ist voll unsexy. Anstatt Programmieren zu lernen, könntest du doch ein paar schöne Duckface-Selfies hochladen.« Er stülpte die Lippen vor und machte eine Entenschnute. »Oder Fish Gape.« Er klappte den

Mund halb auf wie ein zugedröhnter Karpfen mit multiplen Orgasmen. »Ich dachte immer«, erklärte er, »das wär der Hauptgrund, warum Mädels überhaupt online sind.«

»Tja, und das ist eben dein Problem, Leo«, sagte ich. »Jedes Mal wenn du versuchst, irgendwas zu denken, geht es voll in die Hose.«

Yu-Mi warf mir einen ihrer Standardblicke zu. Lass doch, Zille, sollte der Blick mir sagen, der Typ ist auf dem geistigen Niveau eines spät entwickelten Achtjährigen.

Aber ich wollte nicht *lassen*, ich hatte schon viel zu oft *gelassen*, wurde mir in dem Augenblick bewusst, keine Ahnung, wieso gerade jetzt und hier; ich *ließ* nicht. Ich hatte die Duck-Face-Fish-Gape-Schnauze einfach voll von diesem blond-pickligen Testosteronunfall mit seinen ständigen pseudosexuellen Opasprüchen.

»Wenn du nicht aufpasst«, sagte ich zu ihm, »dann hackt Yu-Mi dein Handy und dann kann die ganze Stufe mal gucken, was für Faces du so in deinem Videoverlauf hast.«

Leo stieß einen hysterischen Lacher aus.

Vom Nebentisch rief jemand: »Könnt ihr bitte etwas leiser sein? Oder einfach in die Mensa gehen?«

»Gute Idee«, brummte Leo, stand auf und packte seine Unterlagen ein. »Hier ist eh gerade zu viel Zickenalarm.«

Damit klemmte er sich seine Tasche unter den Arm und trollte sich.

Yu-Mi stieß mir ihren Ellbogen in die Rippen und flüsterte: »Spinnst du? Am Ende glaubt er das noch wirklich, dass ich sein Handy hacken würde.«

»Was du natürlich nie machen würdest«, flüsterte ich zurück.

»Nein, auf gar keinen Fall.«

»Aber ich vielleicht.«

Eine Google-Suche nach den beiden Wörtern *Handy hacken* ergibt rund eine halbe Million Treffer. Ich war also nicht die Einzige, die sich für so was interessierte. Und anscheinend ist Hacking doch nicht nur Männersache. Denn ich fand unzählige Tutorials, auf denen YouTuberinnen dir erklären, wie du am einfachsten die WhatsApp-Nachrichten auf fremden Handys mitlesen kannst. Allerdings ging es denen offenbar ausschließlich darum, wie du als Mädchen überprüfst, ob dein Freund dir treu ist oder vielleicht doch heimlich noch eine andere am Start hat. Na ja.

Jedenfalls schworen die meisten auf *WhatsApp Web*, aber dafür musst du erst mal das Zielhandy in die Finger kriegen und damit den QR-Code scannen, und wenn dein Opfer nicht ganz blöde ist, wird es die Sache eh früher oder später bemerken. Im Netz kursieren außerdem haufenweise Apps und anderes Zeug, mit dem man angeblich Handys ausspionieren kann, aber die wollen dann gleich, dass du da ein Abo abschließt oder so was. Und richtig anonym ist es auch nicht. Das wollte ich aber sein.

Ja, die Idee elektrisierte mich geradezu: unsichtbar wie ein Geisterwesen in Leos intimste Details einzudringen und ihm eine Lehre zu erteilen, ohne dass er auch nur ansatzweise erklären könnte, was da mit ihm geschah.

Und in irgendeinem Forum schrieb irgendwer: *Richtige Anonymität kriegst du nur im Darknet.*

Ja, genau.

Manche vergleichen das Internet mit einem Ozean. Da gibt es die Oberfläche – das Clearnet, das sichtbare Netz. Mit YouTube und Instagram und Google und so weiter. Der Bereich des Meeres, der noch vom Sonnenlicht erreicht wird, wo sich Fische und Pflanzen tummeln. Darunter aber kommt das Deep Web. Viel tiefer und größer als das sichtbare Internet. Mit Millionen von Seiten, die Google niemals findet – Bibliotheken, Datenbanken, so Zeugs, an das man bloß kommt, wenn man die entsprechenden Links dazu hat.

Und darunter kommt dann das Darknet. Manche nennen es »Onionland«, weil die Webadressen nicht auf *.de* oder *.com* und so weiter enden, sondern auf *.onion*. Das heißt *Zwiebel* und genau so funktioniert es. Denn wie durch die vielen Schalen einer Zwiebel folgt deine Datenverbindung einem zufälligen Pfad von einem Knotenpunkt zum nächsten, bevor sie auf dem Server ankommt, zu dem du möchtest. Im Clearnet verbindet sich dein Computer oder Handy direkt mit dem Server der Website, die du besuchst. Die Geräte tauschen ihre IP-Adressen aus und theoretisch kann man ziemlich easy nachverfolgen, was du im Netz so tust. Oder wo du gerade sitzt. Wenn du aber den Tor-Browser auf deinem Rechner installierst und damit surfst, wird deine Verbindung über drei andere Server umgeleitet. Dadurch bist du zwar etwas langsamer unterwegs, aber dafür verliert sich deine Spur im Netz. Außerdem ändert sich die Route automatisch alle zehn Minuten. Niemand kann dich dort unten aufstöbern, wenn du es nicht willst. Du bist im Reich der Geisterwesen, die unsichtbar durch die finstere Tiefe streifen.

Mit alldem, was man halt so darüber hört: Drogendealern und Waffenhändlern, Kinderpornos und Gore-Videos und allen anderen Ekelhaftigkeiten, zu denen der Homo sapiens auch nur irgendwie fähig ist. Viele Links dort führen ins Nichts, weil die Seiten down sind oder die Server längst abgeschaltet; manchmal erscheint bloß eine »FBI-Warnung« oder eine weiße Seite mit dem Logo des Bundeskriminalamtes und dem Hinweis: *Die Plattform und der kriminelle Inhalt wurden beschlagnahmt.* Denn das Darknet ist zwar zu fast hundert Prozent anonym – aber eben nur fast. Manche seiner Bewohner machen Fehler.

Solange dir das aber nicht passiert, ist das Darknet ein Reich grenzenloser Freiheit, wo du alles sein und tun kannst. Es schützt Menschen in Ländern, wo politische Verfolgung herrscht und keine Meinungsfreiheit existiert. Oder Menschen, die bloß nicht möchten, dass ihre Regierung oder die Werbeindustrie alles über ihre Vorlieben und Gewohnheiten weiß. Oder Menschen wie ich, Zille, die einfach neugierig von Seite zu Seite surfte, sich staunend von einem Link zum nächsten hangelte, unzählige Nächte während des Spätsommers dort in den Schatten verbrachte und darüber fast vergessen hätte, weshalb sie ursprünglich in diese unergründlichen Tiefen hinabgetaucht war.

Aber nur fast.

Ich fand riesige Online-Shops mit Hacking-Software, ein Arsenal unterschiedlichster Instrumente, darunter etliche Komplettpakete, die die Arbeit eigentlich von allein erledigen, kinderleicht zu bedienen, ohne irgendwelche IT-Kenntnisse. Um dort einzukaufen, brauchte ich natürlich Kohle. Genauer gesagt: Ich brauchte *Bitcoins.* Dieses virtuelle Geld kannst du bei bestimmten Dienstleistern kaufen, indem du dir dort ein Online-Konto anlegst. Zumindest, wenn du achtzehn bist. Tja. Aber es gibt noch andere Wege. Ich hob hundert Euro von meinem Sparbuch ab und kaufte mir bei einem zwielichtigen Typen eine Prepaid-Kreditkarte. Damit konnte ich wiederum im Internet Bitcoins besorgen – also circa 0,012 Bitcoins, um genau zu sein. Und damit ging ich schließlich auf Shoppingtour und erwarb ein schickes kleines Tool, um Leos Handy zu knacken.

Dann suchte ich auf irgendwelchen Pornoseiten wahllos ein paar Sexfotos zusammen, die ich von einem Fake-Mail-Account an Leo schickte. Zusammen mit einem kleinen vergifteten Geschenk. Natürlich packte er es aus.

Es war Nacht und durch mein gekipptes Dachfenster kam der schwere Spätsommerduft ins dunkle Zimmer, als sich auf meinem Bildschirm ein Fenster öffnete und dort tatsächlich Leos WhatsApp-Account auftauchte. Ich hatte vollen Zugriff auf seine Chats, seine Kontaktliste, seine Bilder und Videos, sein ganzes Privatleben. Es war leider schrecklich langweilig.

Ich überlegte, womit ich ihn am besten ärgern könnte. Mir fiel nichts ein. Seit unserem blöden Gespräch in der Bibliothek waren inzwischen zwei Wochen vergangen und außerdem war ich von meinem ersten Hacking-Erfolg derart euphorisiert, dass ich in diesem Augenblick gar keinen Antrieb verspürte, zu ihm oder irgendwem sonst gemein zu sein. Dabei war das doch der Grund, warum ich überhaupt bis zu diesem Punkt gekommen war.

Schließlich schrieb ich von seinem Account aus eine kurze Nachricht an die WhatsApp-Gruppe unserer Stufe: *Hallo Leute, ich steh total drauf, wenn Mädchen mit Duckface oder Fish Gape posen, denn solange sie das tun, reden sie nicht. Und solange sie nicht reden, merke ich nicht, wie strunzdumm und kackdoof ich selber bin.*

Die ersten Antworten ließen nicht lange auf sich warten.

Gute Selbsterkenntnis, schrieb Emilia.

Bjarne schickte eine echt besorgte Voicemail: »Alter, bist du wieder breit? Lass beim Saufen lieber die Finger vom Handy!«

Ich schloss alle Programme, fuhr den Rechner runter und ging schlafen. Eigentlich hatte ich damit gerechnet, noch die halbe Nacht wach zu liegen und von meinem furchtbar schlechten Gewissen gequält zu werden. Aber zu meiner eigenen Überraschung geschah das nicht. Ich war zufrieden mit mir, fast ein bisschen stolz. Schlief wie ein Murmeltier und checkte gleich nach dem Aufwachen die WhatsApp-Gruppe.

Achtung, jemand hat mein Handy gehackt!!!!!!!, schrieb Leo.

Zwei Tage später hatte er ein neues. Das habe ich natürlich auch sofort wieder gehackt.

Yu-Mi fand das nicht witzig. Leo erzählte überall herum, dass sie es gewesen sein müsse, die in sein Smartphone eingedrungen war. Aber natürlich konnte sich niemand auch nur im Entferntesten vorstellen, dass jemand wie Yu-Mi so hinterhältig wäre. Sie gilt als absolut solide und hochmoralisch. Keiner glaubte ihm.

Und sie war auch nicht lange sauer. Eigentlich war sie heimlich mit der Aktion einverstanden. Hat sie natürlich nie gesagt, aber ich bin mir trotzdem sicher. Auf ihrem Blog schrieb sie jetzt häufiger über Geschlechterklischees im Internet. Und dass niemand ernsthaft dachte, sie könne oder würde Handys hacken, nahm sie sogar als Beispiel dafür. Ihr Humor ist eben manchmal etwas komplizierter.

Ich hatte ja eigentlich mein Ziel erreicht. Aber ich spürte, dass ich erst ganz am Anfang war. Das Hacken brachte eine fremde Saite in mir zum Klingen. Na, nicht völlig fremd. Ich kannte das Gefühl schon vom Basketball, wenn ich einen unmöglichen Rebound hole oder wenn wir zurückliegen und plötzlich einen richtigen Run starten. So ein Glücksgefühl, wo du dich von einem auf den nächsten Moment für absolut großartig und völlig unbesiegbar hältst. Ich war neugierig darauf, verschiedene Sachen auszuprobieren. Ich kaufte mir ein einfaches Tool für DDoS-Attacken, mit dem man schlecht geschützte Websites zum Absturz bringen kann. Aus Spaß griff ich den Schuhladen von Leos Vater an. Dessen Online-Shop war nur für ein paar Minuten down, aber es reichte, dass Leo am Abend einem seiner Buddys auf WhatsApp schrieb, dass er sich von unbekannten Hackern verfolgt fühle. Der Arme.

Eines Nachts stieß ich unvermittelt auf *D4rk p1ac3 to b3 – Dark place to be.* Eine ziemlich große Plattform mit vielen Diskussionsforen zu allen möglichen Themen von IT-Sicherheit bis Gruppensex. Manche diskutieren die aktuellen Gesetze verschiedener Länder zur Überwachung des Internets, andere posten Video-Tutorials zum anonymen Chatten oder wie man Marihuana-Pflanzen im eigenen Zimmer über den Winter bringt, ohne dass die Eltern was merken. Zwischendurch gab es in deutschsprachigen Foren immer wieder misstrauische Fragen, ob ein gewisser Uwe vielleicht heimlich mitlese. Erst nach einer Weile kapierte ich, dass »Uwe« ein Codename für verdeckte Ermittler der Polizei ist. Die treiben sich angeblich hier herum, sammeln Informationen über die User und warten darauf, dass irgendjemand einen Fehler macht, aus dem man auf seine Identität schließen kann.

Für registrierte User gibt es neben den offenen Foren noch unzählige Chatrooms und auch die Möglichkeit, zu zweit zu chatten. Außerdem hat die Plattform einen riesigen Marktplatz, eine Art Ebay im Darknet. Es kostet nicht mal eine Gebühr, dort einen kleinen Shop aufzumachen. Also bot ich einfach mal meine Dienste an. So, wie ich es hundertmal bei anderen gesehen hatte. Ich annoncierte: *Easy DDoS-Attack 30 min. Bitcoin 0,019.*

Aus reiner Neugier.

Und als sich tatsächlich jemand meldete, war ich natürlich erst recht neugierig. Würde es funktionieren? Würde er – oder sie – mich bezahlen?

Ja, beides. Plötzlich fing ich an, Geld zu verdienen. Also kein reelles, sondern Bitcoins. Ich musste dieses virtuelle Geld ja auch gar nicht umtauschen. Ich konnte es in meiner *Wallet* sparen und mir vielleicht im Darknet was Schönes dafür kaufen. Doch das tat ich nicht und hab es bis heute nicht getan. Denn irgendwie will ich nicht, dass irgendetwas aus diesem dunklen Teil des Netzes mit dem Real Life in Berührung kommt. Solange alles digital bleibt, ist es nur ein Spiel, nichts weiter.

Und solange es ein Spiel ist, kann es ja nicht *wirklich* kriminell sein, was ich da tue ...

Außerdem macht es tierisch Spaß, all den Leuten dort zu begegnen, zum Beispiel sich mit irgendwem in einem Zufalls-Chat zu unterhalten. Die Person erzählt dir, dass sie ein Student aus Buenos Aires ist und gerade nebenher die letzte Staffel von Game of Thrones schaut. Kann stimmen oder auch nicht, vielleicht ist es auch dein Nachbar oder der Schulhausmeister oder wer auch immer.

Ich fühlte mich mehr und mehr als geheimer Teil einer

geheimen Welt, suchte mir ein paar schöne Nicknames aus, legte mehrere Adressen beim E-Mail-Dienst *Torbox* an. Manchmal erzählte ich Yu-Mi ein wenig davon, aber die fand das bloß schräg und hatte auch keine Lust, mir ins Darknet zu folgen. Also hatte ich eben allein meinen Spaß dort und niemand weiß richtig, was ich da treibe, außer La Catrina, aber die kann echt gut schweigen.

An einem stillen Samstagmorgen, lange vor Sonnenaufgang, schnallte ich, dass ich umgerechnet bereits über tausend Euro »verdient« hatte.

Vor lauter Begeisterung schrieb ich ins Forum: *! am sCr!p7k!D Z!113, f34r m9 5k!11Zz. (I am Scriptkid Zille, fear my skills! – Fürchtet euch vor meinen Fähigkeiten!)*

Darauf schrieb ein gewisser Daemon: *0 no, 7h47 5uXx. (O no, that sucks. Es nervt.)*

Ich gab ihm eine fröhliche Beleidigung zurück. Anstatt etwas zu erwidern, erhielt ich plötzlich die Einladung in einen privaten Chatroom. Neugierig folgte ich ihr und war plötzlich allein mit Daemon.

>Daemon: sry, Scriptkid. u don't have any skills. only money. why don't u try to learn real hacking?

Hätte fast von Yu-Mi stammen können, diese Bemerkung. Von wegen, dass ich lieber richtiges Hacken lernen solle, anstatt mir für Geld irgendwelche Hacking-Software zu kaufen. So meinte dieser Mensch das doch wohl. Was bildete er – oder sie – sich ein? Diese Person wusste doch nichts über mich.

>me: why do u judge me? u know nothing about me.
>Daemon: ok then. let me know sth about you. where are you from?
>me: cologne, germany.
>Daemon: witzig. ich auch. also nicht direkt in k, aber in der nähe.
>me: wo genau?
>Daemon: erzähl ich vlt später mal.

Später mal. Anscheinend stellte er – oder sie? – sich auf eine längere Unterhaltung ein.

>me: also du bist im gegensatz zu mir ein »richtiger« hacker, ja?
>Daemon: ein »richtiger« hacker post nicht mit seinen skills herum.
>me: du meinst, das tun nur scriptkiddies.
>Daemon: ich hab dich nicht so genannt, sondern du selber.

Ja, klar. Den Begriff hatte ich irgendwo aufgeschnappt. Er bezeichnet Leute, die ohne irgendwelche Kenntnisse in fremde Handys und Computer eindringen und dabei vorgefertigte Lösungen verwenden, ohne sie eigentlich zu verstehen. Genau das, was ich tat. Na und?

>me: und was hackst du so?
>Daemon: vlt müsste ich mich eher als »hacktivist« bezeichnen. ich hacke aus politischen gründen. ich lege mich jedenfalls mit leuten an, die es nicht besser verdienen. hast du schon mal vom TRUE-projekt gehört?

Nee, hatte ich nicht. Schnell tippte ich das Wort in die Suchzeile eines anderen Fensters ein und fand eine ziemlich leere Seite mit dem Titel *Toolbag Rebels Undertake Economy*. Abkürzung: TRUE. Werkzeugtaschenrebellen übernehmen die Wirtschaft? Ha, wie originell.

Da gab es bloß ein paar Links zu Websites, die alle auf *.onion* endeten. Seiten im Darknet. Ich folgte einem der Links und fand eine Meldung, eine Art Kurzbericht. Es sei TRUE endlich gelungen, ins Netzwerk der Firma MetzCon einzudringen. Alle Angestellten der Firma hätten am nächsten Morgen Fotos von Kindern mit amputierten Armen oder Beinen auf ihren Startbildschirmen vorgefunden.

>me: was stellt die firma MetzCon her?
>Daemon: landminen und streubomben.
>me: ah. verstehe, was du meinst. »leute, die es nicht besser verdienen«. wie alt bist du eigentlich?
>Daemon: warum interessiert dich das?
>me: nur so. ich hab dir ja auch meinen wohnort verraten.
>Daemon: 21. du?

>me: 17.
>Daemon: geschlecht?
>me: ich hab zwei x-chromosomen. und du?
>Daemon: xy.

OMG, das mit den Chromosomen war schon wieder Gepose. Warum wollte ich plötzlich, dass dieser vollkommen Unbekannte mich für gebildet hielt? Dieser vollkommen unbekannte, offensichtlich männliche, einundzwanzigjährige politisch motivierte Hacker aus einem Ort in der Nähe von Köln?

>me: was für musik hörst du?
>Daemon: alternativ.
>me: alternativ zu was?
>Daemon: zu dem, was alle anderen hören.
>me: und wenn alle anderen plötzlich auch das hören würden, was du hörst – würdest du dann zu helene fischer umschwenken?
>Daemon: hm. ziemlich gute frage.

Ich grinste. Wir schrieben weiter, während draußen schon die ersten Vögel zwitscherten und der Himmel allmählich hell wurde. Wo genau er lebt, erfuhr ich nicht. Oder was er den ganzen Tag so treibt. Wir schrieben über Sport, Musik, Serien, so Sachen, aber tauschten nichts richtig Persönliches mehr aus. Trotzdem hatte ich, als ich mich endlich schlafen legte, das Gefühl, ihn zu kennen. Natürlich wusste ich, dass das absoluter Quatsch war. Alles, was er mir geschrieben hatte, konnte völliger Bullshit gewesen sein. Nur dieses TRUE-Projekt – das schien wohl tatsächlich zu existieren.

Seit unserem Kennenlernen in diesen Morgenstunden schreiben wir uns immer wieder. Manchmal stundenlang, manchmal nur ganz kurz, mal eine Woche gar nicht. Oder wir liefern uns einen Schlagabtausch im Forum, quasi vor Publikum. Das ist witzig. Auch wenn er mich dabei spüren lässt, dass er sich mir moralisch überlegen fühlt, weil er sich ja aus edlen Motiven in fremden Computern bewegt. Aber ich glaube, er will mich damit nur ein wenig necken. Manchmal denke ich, dass er vielleicht einsam ist.

Bin *ich* denn einsam? Nein, eigentlich nicht. Aber mit ihm zu »reden« ist trotzdem etwas völlig anderes als mit irgendjemandem sonst, den ich kenne.

Ich würde ihn niemals nach seiner Nummer fragen. Aber wenn *er* fragen würde – ich würde ihm meine schon geben, denke ich. Aber das ist gar kein Thema zwischen uns.

Leider gibt es keinerlei Archivierung für all die langen Gespräche. Darum kriege ich auch nicht mehr richtig zusammen, wie das bei *Cicade 3301* mit der Verschlüsselung genau funktionierte. Ich weiß immer noch nicht, warum ich Daemon nicht danach fragen will. Warum ich diesen Ehrgeiz habe, das Rätsel alleine zu lösen.

Nach längerer Suche im Clearnet finde ich ein paar brauchbare Hinweise.

4

»Da kommt nur Bullshit raus«, stöhne ich halblaut.

Yu-Mi und ich sitzen in der Bibliothek. Da, wo vor zweieinhalb Monaten alles mit Leos dämlichen Sprüchen angefangen hatte.

»Lass mal sehen«, sagt sie.

Ich habe den Buchstabensalat aus der kryptischen Nachricht – *Tiberius Claudius Nero Caesar sagt* – in eine Tabelle eingetragen und für jeden einzelnen Buchstaben einen anderen eingesetzt; und zwar den, der jeweils vier Positionen vorher im Alphabet steht. Anstelle von

kwnyesnjyxhmjfyytwgtc

steht da jetzt:

gsjuaojfutdifbuupscpy.

Toll.

»Das ist die sogenannte Caesar-Verschlüsselung«, erkläre ich Yu-Mi. »Die soll Julius Caesar erfunden haben. Eigentlich ganz simpel. Das Einzige, was du wissen musst, ist die Zahl. Also um wie viele Positionen du die

Buchstaben nach links verschieben musst, um die Nachricht zu entziffern.«

Yu-Mi beugt sich tief über meine Tabelle und lässt wieder die samtschwarzen Haare vors Gesicht fallen. Das Rätsel scheint sie plötzlich genauso zu faszinieren wie mich.

»Hm.« Sie richtet sich wieder auf, wirft die Haare zurück und fragt: »Wieso ausgerechnet die Vier? Was für einen Hinweis gibt es denn da auf die Zahl Vier?«

»Na, ich hab das jedenfalls in einem englischen Blog gelesen«, sage ich. »Ein Bericht über das Originalrätsel *Cicade 3301*. Da haben sie auch die Vier genommen. Weil dieser Claudius nämlich der vierte Kaiser des Römischen Imperiums war.«

Ich zeige ihr den Blog auf meinem Handybildschirm.

Wieder beugt sie sich darüber, dann macht sie ein wissendes »Aha«.

»Aha?«, frage ich zweifelnd.

»Aha«, wiederholt sie, »da steckt der Fehler. In der ursprünglichen Cicade-Botschaft ist von Tiberius Claudius Caesar die Rede. Ohne Nero.«

»Na und? Was macht das für einen Unterschied?«

»Dein Caesar ist ein anderer. Ja, ich weiß, die hießen alle so ähnlich. Weil die sich irgendwie gegenseitig adoptiert haben oder so. Aber dieser hier« – sie tippt auf meine Tabelle – »ist nicht Kaiser Claudius, sondern der berüchtigte Kaiser Nero. Der, der angeblich wahnsinnig geworden ist und eigenhändig die Stadt Rom angezündet hat.«

Sie nimmt mein Handy und befragt Wikipedia.

»Siehst du? Nero war der Nachfolger von Claudius. Also Kaiser Numero fünf. Wir müssen um fünf statt um vier Positionen nach links gehen.« Sie verschwindet abermals hinter ihrem Haarvorhang. »Dann wird aus dem K kein G, sondern ein F«, flüstert sie vor sich hin, »und aus dem W wird ein R ... Voilà!«

Ich glotze ratlos auf meine Tabelle. Daneben steht nun:

fritznietzscheattorbox

»Klar, das ist viel besser«, brumme ich. »Es sagt mir nur leider noch immer nichts.«

Yu-Mi zieht das Papier heran und unterteilt die Buchstabenfolge mit Strichen. Nun heißt es:

fritz | nietzsche | at | torbox

»Friedrich Nietzsche«, sagt sie. »Schon mal gehört? Der Philosoph? Und der Rest klingt nach dem zweiten Teil einer Mail-Adresse.«

Natürlich!

»Du bist genial!«, rufe ich und ernte missbilligende Blicke der anderen Anwesenden. »Ja, eine Mail-Adresse aus dem Darknet«, flüstere ich. »Du bist so genial.« Ich drücke ihr einen Kuss auf die Wange.

»Aber das weißt du doch«, gibt sie zurück.

Ich schaue mich verstohlen um, so als wäre es eine ganz besonders ruchlose Tat, hier und jetzt, mitten in der Schule das Darknet zu besuchen, während wir Freistunde haben und eigentlich für Bio lernen sollten. Unsinn. Auf meinem Handy habe ich Orfox, einen speziellen Browser für Android, der ins Tor-Netzwerk führt. Yu-Mi schaut mir über die Schulter, während ich mich in meinen Mail-Account bei Torbox einlogge.

»Das sieht ja ganz harmlos aus«, flüstert sie.

»Was hast du erwartet? Grinsende Totenköpfe? Gruselige Hintergrundmusik?«

»Keine Ahnung«, gibt sie zu.

Ich gebe die Adresse ein und schreibe:

Hallo Fritz,
wenn du das hier lesen kannst, dann weißt du, dass ich dein Rätsel geknackt habe.
Viele Grüße
Z!113

»Zu läpsch?«, frage ich.

»Nö«, meint Yu-Mi. »Besser etwas läpsch als unterwürfig oder anbiedernd. Du willst ja nichts von denen, sondern die wollen was von dir.«

»*Die*«, wiederhole ich. »Glaubst du, es sind mehrere Leute? Eine Gruppe oder Organisation?«

»Wenn du den *Send*-Button drückst, wirst du es vielleicht erfahren.«

»Hoffentlich.« Ich schicke die Nachricht ab. »Vielleicht ist es auch einfach nur eine etwas komplizierte Einladung zu einem Date mit Daemon.«

»Nur? Was heißt hier *nur*?« Yu-Mi guckt, als würde sie

innerlich grinsen, tut sie aber nicht. »Wie viele Dates hattest du denn dieses Jahr schon?«

»Also, wenn ich es ganz grob überschlage«, sage ich, »dann waren es so circa ungefähr null.«

5

Fritz antwortet nicht. Aber die Adresse existiert, jedenfalls gab es keine Fehlermeldung. Vielleicht warten *die* auf eine Art Codewort? Schließlich habe ich noch nicht herausgefunden, was es mit der Zahl 1873 auf sich hat.

Ich hocke mit dem Laptop auf meinem Sitzsack und lese etwas über Friedrich Nietzsche. Die Catrina an der Wand gegenüber döst novembernachmittäglich vor sich hin, während sich die feinen Regentropfen auf meinem Dachfenster zu schmalen Bächlein vereinigen und träge die Scheibe hinabrinnen.

Dieser Nietzsche hat krasses Zeug geschrieben: Gott ist tot, Gut und Böse existieren nicht, der Mensch sollte eigentlich abgeschafft werden – so ungefähr verstehe ich das, was diesem Mann so durch den Kopf ging. Kein Wunder, dass er verrückt geworden ist und die letzten Jahre seines Lebens völlig weich in der Birne war. In den Artikeln über ihn suche ich nach der Jahreszahl 1873. Tatsächlich hat er zu dieser Zeit gelebt und in diesem bestimmten Jahr ein Buch geschrieben mit dem Titel *Über Wahrheit und Lüge im außermoralischen Sinne.* Passt ja zum Darknet. Oder zu der verrückten Botschaft meiner kleinen Zikadenwespe. Ob ich noch eine zweite Mail schicken sollte? Oder mir dieses Buch herunterladen und lesen muss?

Wie immer habe ich in einem weiteren Fenster den Chat geöffnet. Daemon meldet sich.

>Daemon: hey, zille. was macht deine jagd auf die zikade?

>me: ich komme ziemlich gut voran.

>Daemon: und? wie fühlt es sich an?

>me: was meinst du damit?

>Daemon: ob es dir spaß macht. mal intensiv an einer sache zu tüfteln, anstatt irgendeine vorgefertigte lösung zu benutzen?

Aha, so meint er das. Er kann sich einfach nicht verkneifen, auf dieser Hacker-vs.-Scriptkiddie-Nummer herumzureiten.

>me: es ist einfach nur ein rätsel. mit hacken hat das nicht so viel zu tun, glaub ich.

>Daemon: aber das prinzip ist ähnlich, oder? du begibst dich ganz in diese sache hinein. am anfang siehst du nur einen wust aus zeichen, aber nach und nach beginnst du zu verstehen. die zeichen bekommen einen sinn. ein perfekter code kann von unendlicher schönheit sein.

>me: ich glaube, ich weiß schon, was du meinst. aber du musst dich nicht immer so aufspielen.

>Daemon: aufspielen?

>me: du erzählst mir dauernd was vom »richtigen« hacken und von hacker-ethik. aber du bist selber kein white hat. white hats finden sicherheitslücken in programmen und systemen und informieren dann die leute darüber. und helfen ihnen, sich zu schützen. doch du und deine freunde, ihr greift andere an.

>Daemon: aber nicht wahllos. darum sind wir auch keine black hats. von mir aus grey hats.

>me: ihr habt schon wieder diese firma attackiert. MetzCon.

>Daemon: ah, du bist informiert.

>me: ich schaue ab und zu auf der darknet-seite von eurem TRUE-projekt vorbei. ihr habt ein zero-day-exploit entwickelt.

>Daemon: oh, du weißt, was das ist?

>me: zumindest theoretisch.

Hacker finden eine Schwachstelle und schreiben sofort eine Software, um sie auszunutzen. Bevor die andere Seite überhaupt weiß, dass es die Schwachstelle gibt. Der Gegner hat quasi null Tage Zeit, um sich zu wehren, deshalb heißt das so: Zero Day. Daemon und seine Leute verstehen ihr Handwerk offenbar ziemlich gut, wenn sie so etwas können.

>Daemon: das war ein großer erfolg. wir haben sehr viele interne informationen abgefischt. zum beispiel wissen wir jetzt, dass MetzCon weiterhin

teile für anti-personen-minen baut, obwohl das in deutschland inzwischen verboten ist. sie liefern das zeug über strohmänner in verschiedene afrikanische länder. wir geben diese infos an andere plattformen weiter – wikileaks und so. die leute bei MetzCon sind jetzt natürlich ziemlich sauer. ihre sicherheitsheinis würden alles dafür tun, wenn sie uns enttarnen könnten.

>me: und? können sie es?

>Daemon: uns enttarnen? ha, nein, ich glaube nicht. aber wir sind zurzeit auch sehr vorsichtig.

>me: hast du mich deshalb davor gewarnt, dass mein kleines zikadenrätsel eine falle sein könnte?

>Daemon: ja. ich bin im moment allgemein sehr misstrauisch. vielleicht ist das übertrieben.

Ich habe nebenbei das Fenster mit dem Torbox-Mail-Account aktualisiert. Jetzt steht da eine neue, ungeöffnete Mail in der Box. Von Fritz Nietzsche! Betreff: Glueckwunsch!

>Daemon: bist du noch da? ich wollte dich nicht verschrecken.

>me: hast du nicht. ich muss jetzt schluss machen. bis bald.

Fast zittert meine Fingerspitze ein wenig, als ich auf die Mail klicke und sie öffne.

Hallo Zille,
gute Arbeit bis hierher. Respekt. Mit dem nächsten Schritt wirst du der Auflösung schon ganz nahe kommen. In dem Bild, das wir dir geschickt haben, befinden sich drei Primzahlen. Kombiniere sie und stecke dein Gesicht ins richtige Buch, um mehr zu erfahren.
Fritz

Wow! Wow! Wow! Ich springe auf, stoße mir den Kopf an meinem Hochbett, egal, ich laufe in meinem Zimmer umher, gebe der Catrina eine Ghettofaust und springe in die Luft wie beim Korbleger, wobei ich triumphierend gegen den schwarzen Dachbalken trommle. Doch dann lässt die Euphorie rasch wieder nach. Ich muss zwei weitere Primzahlen finden.

Also hocke ich mich wieder hin und öffne das Bild der Zikadenwespe. Sie hat sechs Beine, das ist schon mal keine Primzahl. Ich öffne es mit WordPad und sehe wieder den gigantischen Zeichensalat und die Botschaft von Kaiser Nero am Ende. Da stecken natürlich haufenweise Ziffern drin, auch die Drei, die Fünf, die Sieben kommen vor. Aber was soll ich da kombinieren? Es ergibt keinen richtigen Sinn.

Ich schaue in dem anderen Fenster auf meinen letzten Chat mit Daemon. Ich hätte Lust, ihn zu fragen, ob er eine Idee hat. Es wäre cool, mit ihm gemeinsam zu überlegen, so wie mit Yu-Mi heute Morgen. Aber ich will es ja ohne ihn schaffen.

Gleich ist es fünf Uhr. Ich muss allmählich meine

Klamotten zusammensuchen und zum Training fahren. Tja, die Auflösung, wie Fritz schreibt, muss wohl noch ein Weilchen warten. Das heißt … OMG – *Auflösung*! Wie blöd bin ich?

Mit fliegenden Fingern klicke ich das Bild nochmals an und öffne die Dateieigenschaften. Siehe da, die Auflösung des Bildes beträgt 503 mal 509 Pixel. Ich teile die beiden Zahlen durch alles Mögliche. Geht nicht! Yeah!

Okay, jetzt habe ich also meine drei Zahlen, die ich kombinieren soll. Meine Basketballschuhe können ruhig noch ein paar Minuten in der Ecke liegen. Was ist schon ein kleiner Anschiss von Giusy gegen dieses elektrisierende Rätsel.

Aber leider geht es erst mal nicht mehr weiter. Ich kombiniere zwar die Zahlen – das heißt, ich multipliziere sie. Doch das Ergebnis sagt mir leider gar nichts: 479.538.571.

Das kann ja alles Erdenkliche sein. Eine Telefonnummer zum Beispiel. Oder eine URL? Ich gebe die Zahl bei Google ein, bei anderen Suchmaschinen, zuletzt bei *Torch*, der Suche im Darknet. Ohne brauchbares Ergebnis. Klar, ich soll mein *Gesicht ins richtige Buch* stecken. Aber woher weiß ich, welches das ist? Die Bibel? Das Telefonbuch? Das besagte Buch von Friedrich Nietzsche über Wahrheit und Lüge? Ich suche danach und man kann es tatsächlich komplett herunterladen. Es ist überraschend kurz, aber kaum verständlich. Man merkt sofort, dass das ein Verrückter geschrieben hat. Einen Hinweis auf irgendwelche Zahlen finde ich beim Überfliegen jedenfalls nicht.

Klopf, klopf. Mutti.

»Hey, Celina, alles okay bei dir? Ich dachte, du wärst längst beim Training.«

»Bin ich auch«, brumme ich, klappe den Rechner zu und packe schnell meine Tasche.

Draußen ist es schon beinahe dunkel. Sofort kriecht der Nieselregen in meine Klamotten. Ich werfe mir die Tasche auf den Rücken, schwinge mich aufs Rad und fahre los. Das Gesicht ins Buch stecken. Ins richtige Buch. Gibt es richtige und falsche Bücher? Warum gleich das ganze Gesicht, nicht bloß die Nase? Oder so?

Hinter mir schrillt die Straßenbahn. Ich war so in Gedanken versunken, dass ich sie gar nicht bemerkt hab. Ich mache der Bahn Platz, weiche auf den Bürgersteig aus und muss plötzlich so scharf bremsen, dass die Reifen quietschen. Oh Mann. *Gesicht* und *Buch* – Gesichtsbuch – Facebook!

Meine Finger sind kalt und steif und brauchen ewig, um das Handy aus der Hosentasche zu fummeln. Ich habe meinen Facebook-Account seit hundert Jahren nicht aufgerufen. Eingerichtet hatte ich den eh nur für irgendein Schulprojekt. Facebook ist ja eher für alte Leute. Mutti und ihre Freunde tummeln sich da. Ich tippe die neunstellige Zahl in die Suchzeile von Facebook ein und – tadaaaa! Es gibt wahrhaftig eine Seite, die so heißt: 479.538.571. Die Seite hat keine Likes oder Kommentare oder irgendwas, der ganze Inhalt besteht aus einem einzigen Post:

19.11. um 23 Uhr 23.
Wir sehen uns.
50.9537807,6.9888469

Der 19. November. Das ist Montag. In vier Tagen! Wir sehen uns. Ein Date, wahrhaftig.

Die Zahlen in der letzten Zeile müssen Koordinaten sein. Ich halte die Fingerspitze darauf und kopiere sie in die Suchzeile bei Google. Die Datenverbindung ist lahm wie eine Schnecke. Nervös drehe ich mit der freien Hand an der Gangschaltung. Wo auf der Welt mag dieser mysteriöse Treffpunkt sein? Auf den Bahamas? Oder am Kilimandscharo? Wohl kaum am Kiosk um die Ecke. Vielleicht ist der Ort ja auch bloß als eine Art Symbol zu verstehen, als weiterer Baustein für den nächsten Schritt des Rätsels.

Dann endlich erscheinen Formen auf dem Handybildschirm, graue und weiße Umrisse von Gebäuden und Straßen und oben links ein dicker blauer Streifen. Der Rhein.

Ich kann mit der Straßenbahn hinfahren.

6

»Na, was hat dich aufgehalten?«, fragt Yu-Mi, nachdem ich brav siebenundzwanzig Liegestütze gemacht habe – je eine für jede Minute Verspätung. »Oder besser gesagt – wer? Fritz Nietzsche?«

»Er will mich treffen. Ich zeig es dir nachher.«

Ich strahle sie an. Bestimmt glänzt mein Gesicht feuerrot von den Liegestützen gerade und vor lauter Begeisterung, aber Yu-Mi kann das überhaupt nicht teilen, sehe ich.

»Treffen«, sagt sie ernst. »Da reden wir aber noch einmal drüber.«

»Machst du jetzt auf Mutti, oder was?«

»Wenn es sein muss.«

»Celina und Yu-Mi, Schluss mit dem Kaffeekränzchen!« Giusy scheucht uns auseinander.

Sie ist Studentin und gerade mal drei Jahre älter als wir, aber als Trainerin unerbittlich hart. Erst eine gute Stunde später, als wir völlig ausgelaugt in der Umkleide hocken und unsere Trinkflaschen leer saugen, können Yu-Mi und ich uns unterhalten. Ich berichte ihr von Fritz Nietzsches Nachricht und erzähle, wie ich die Primzahlen gefunden habe und die seltsame Facebook-Seite mit den Koordinaten.

Yu-Mi nimmt mir das Handy aus der Hand, schaut auf den Kartenausschnitt und runzelt die Stirn.

»Das ist drüben, in der Nähe vom Mülheimer Hafen.« Sie lässt das Handy sinken und sieht mich sehr ernst an. Das heißt – sie sieht mich an wie immer, aber ich spüre, dass es ihr sehr ernst ist.

»Da ist nichts außer einer Ansammlung uralter Fabrikhallen«, flüstert sie. »Industrieruinen, baufällig und von allen lebenden Seelen vor langer Zeit verlassen.«

Ich nicke nur und fahre mir mit dem Handtuch über den Nacken. Mein Herz pocht. Ich habe das Rätsel gelöst! Na gut, okay, Yu-Mi hat das Rätsel gelöst, aber *ich* bin eingeladen. Ich bin ... auserwählt!

»Ich weiß, was du denkst«, sagt Yu-Mi.

»Und *ich* weiß, was *du* denkst«, entgegne ich. »Du denkst, dass es zu gefährlich ist, wenn ich Montagabend dorthin gehe.«

»Hast du gewusst, dass statistisch gesehen jede Woche irgendwo in Deutschland jemand entführt wird?«, fragt sie.

»Nein, das wusste ich nicht. Und ich kenne außer dir niemanden, der so etwas weiß. Nicht mal wen, der jemanden kennt, der so was weiß.«

»Die meisten Fälle kommen natürlich nie an die Öffentlichkeit«, erklärt Yu-Mi. »Aus ermittlungstaktischen Gründen wird das meistens geheim gehalten.«

»Ein bisschen Tempo, Mädels.« Giusy. »Ich muss gleich abschließen.«

Ich blicke auf. Außer uns sind alle schon längst gegangen.

»Sorry«, rufe ich.

Wir stopfen unser Zeug in unsere Taschen und ziehen die Jacken über.

Draußen schließe ich mein Fahrrad auf. Yu-Mi legt eine Hand auf meine Lenkstange, als hätte sie Angst, dass ich ohne jedes weitere Wort abhaue.

»Dieser Treffpunkt«, sagt sie beschwörend, »ist der schlechteste Ort, den man sich denken kann, um einem vollkommen Fremden zu begegnen. Niemand würde deine Schreie hören.«

»So dramatisch kenne ich dich ja gar nicht. Was denkst du denn, was da geschehen wird?«

Ich ziehe die Kette durch die Speichen und lege sie um die Sattelstange.

»Ich weiß es nicht, das ist es doch gerade. Ich meine – eine Bekanntschaft aus dem Darknet. Was tummeln sich da für Leute? Drogenhändler. Organhändler. Mädchenhändler. Sie entführen dich und verkaufen dich an irgendwelche kranken Monster.«

»Also bitte«, protestiere ich. »Ja, da sind böse Menschen unterwegs, aber die gibt es überall. Und genauso wie überall sonst gibt es auch im Darknet ganz tolle, faszinierende Leute. Irgendjemand will mich kennenlernen. Mir vielleicht sogar einen Job anbieten, was weiß ich? Die wissen doch gar nicht, dass ich ein Mädchen bin. Da scheiden Mädchenhändler schon mal aus.«

»Die wissen sehr viel über dich«, hielt Yu-Mi dagegen. »Fällt dir das nicht auf?«

Doch. Jetzt schon.

Ich schlage mir mit der flachen Hand an die Stirn.

»Du meinst«, sage ich, »weil sie genau wissen, dass ich mir nicht einfach ein Flugticket kaufen und irgendwo hinjetten kann. Weil sie wissen, wo ich wohne, und deshalb einen Treffpunkt in derselben Stadt ausgesucht haben.«

Sie nickt.

»Und wer weiß, was sie sonst noch alles wissen ...«

»Hm.« Unwillkürlich schaue ich mich um, als würden wir in diesem Augenblick beobachtet. Wie der feine Novembernieselregen kriecht ein leises Unbehagen über meine Haut. Trotzdem behält meine Neugierde noch immer die Oberhand.

»Das werde ich herauskriegen«, sage ich trotzig.

»Mir ist schon klar, dass ich dich nicht davon abhalten kann«, meint Yu-Mi. »Deshalb werden wir zusammen hingehen.«

7

Von allen lebenden Seelen verlassen? Na ja. Da ist ein stylisher Club, da sind Firmenschilder, es sieht nach Büros aus, hinter manchen Fenstern brennt sogar noch Licht, obwohl es schon kurz nach elf ist. Die meisten dieser Schilder tragen Wörter wie *Creative* oder *Media* oder *Kommunikation*. Irgendwelche hippen Start-up-Läden bevölkern die alten Fabrikhallen, fast wirkt das einladend. Ob irgendwo dahinten tatsächlich eine kleine feine Internetfirma auf mich wartet? Die mir einen Job anbieten will? Weil vielleicht sogar Daemon ihr Chef ist? Wäre das nicht ein absoluter Traum? Ich sehe mich schon mit einem Chai Latte auf dem Designersofa sitzen und Quinoa-Kekse knabbern und überlege, was ich eigentlich sagen soll, wenn sie mich nach meinen Gehaltsvorstellungen fragen. Obwohl die Uhrzeit – zugegeben – etwas ungewöhnlich erscheint, um Vorstellungsgespräche zu führen. Aber bei solchen Leuten gehen die Uhren sicher eh ein bisschen anders.

Gestern erst hat Daemon sich erkundigt, wie weit ich mit meinem Zikadenwespenrätsel bin. Ich habe ausweichend geantwortet – ja, es ginge voran, aber es bleibe schwierig, habe ich geantwortet. Und er hat nicht weiter nachgefragt. Hat mich nur noch mal gewarnt, ich solle unbedingt vorsichtig sein. Falls er wirklich selbst dahintersteckt, lässt er es sich jedenfalls nicht anmerken.

Ich sehe auf mein Handy. Die kleinen blauen Punkte markieren den Weg auf der Karte bis zu den Koordinaten. Feine kleine Nieselregentropfen sammeln sich darauf. Es sind noch rund vierhundert Meter.

Ich ziehe meine Kapuze tiefer ins Gesicht, folge dem Weg und lasse die lebenden Seelen allmählich hinter mir. Das mit der Internetfirma hat sich vermutlich erledigt. Um mich herum ist jetzt alles verlassen. Dunkelheit gähnt aus den blinden Fensteröffnungen der verlassenen Hallen. Mit jedem Schritt kommen mir die alten Fabrikanlagen brüchiger vor. Selbst die Graffiti auf dem verwitterten Backstein werden weniger, als würden nicht einmal die Sprayer sich so weit in diese tote Industrielandschaft hineinwagen. Überall ziehen sich Rohre und Stahlstreben entlang, überqueren die Gasse, durch die ich jetzt laufe, kriechen wie dicke rostige Würmer an den Fassaden hinauf und herab, winden sich, zweigen zu Schornsteinen ab und verschwinden in der Finsternis. Eiserne Leitern und schmale Übergänge aus zerfressenen Gittern tauchen in der Höhe auf, ohne irgendwo hinzuführen.

Plötzlich bin ich sehr froh, dass Yu-Mi in der Nähe ist.

Offiziell übernachte ich heute bei ihr – und sie bei mir. So ist es für ihre Eltern und für Mutti am einfachsten. Sie wollte unbedingt mit mir zusammen gehen. Schließlich stünde in der Botschaft ja nicht, dass ich allein kommen müsse. Aber ich hatte Sorge, dass mein *Date* sich dann vielleicht nicht zeigen würde. Also folgt sie mir mit einigem Abstand. Ich habe an meinem Handy die Ortungsfunktion aktiviert und Yu-Mi kann über eine App in ihrem Handy jederzeit sehen, wo ich gerade bin. Und sobald ich mein *Date* getroffen habe, rufe ich sie heimlich an, damit sie alles mithören kann, was gesprochen wird. Das sollte doch als Lebensversicherung ausreichen.

Habe ich jedenfalls gedacht.

Bei Tageslicht, in der Schulbibliothek.

Jetzt bin ich nicht mehr so ganz überzeugt.

Ein Rascheln, ich fahre herum. Ist das ein Fuchs? Ich glaube schon. Für eine Katze war der Schatten viel zu groß, der da gerade vorübergeflitzt ist.

Gleich ist es zwanzig nach elf. Noch drei Minuten, wenn mein *Date* pünktlich ist.

Ich sehe wieder auf mein Handy.

Das ist jetzt genau die Stelle. Auf der einen Seite erhebt sich eine hohe Mauer, deren Krone mit dornigem Gestrüpp überwuchert ist. Auf der anderen Seite der Gasse unterbricht ein breites Fenster die abweisende Wand des Fabrikgebäudes. Es ist mit Brettern vernagelt; aber nicht im oberen Drittel der Öffnung. Dort sehe ich bloß die zersplitterten Reste angenagelter Balken. Die Splitter wirken frisch, als sei erst kürzlich jemand dort eingebrochen.

Vor einem Monat.

Oder vor einer Stunde.

Jemand, der dort jetzt hinter dem Verschlag hockt und mich durch die Ritzen zwischen den Brettern hindurch beobachtet.

Ich höre jemanden atmen. Aber das bin ich selbst.

Eigentlich ist es so dunkel, dass man solche Details nicht sehen kann. Doch genau an dieser Stelle hier, an der überwucherten Mauer, steht eine Straßenlaterne. Sie wirft schmutziges Licht auf den rissigen Asphalt. Einen gelben Kreis, der aussieht, als würde er auf mich warten. Als sollte ich mich genau auf diesen Kreis stellen. Und dann würde die Person hinter dem Fenster mit den Brettern auf einen Knopf drücken und mich in ein Raumschiff beamen.

Blick aufs Handy.

Fuck! Wieso bin ich plötzlich offline?

»Sie müssen Zille sein.«

Die Stimme fährt mir durch die Eingeweide. Freundlich und eiskalt, ich sehe nicht, wem sie gehört. Ich drehe mich im Kreis. Jetzt erkenne ich ihn. Wie aus dem Nichts ist er aufgetaucht, ein Mann. Kurzes blondes Haar, Trenchcoat, hochgeschlagener Kragen, eine spitze Nase springt aus dem hageren Gesicht hervor. Ein Typ wie aus einem schlechten Agentenfilm, aber ziemlich jung. Höchstens fünfundzwanzig. Am meisten irritiert mich, dass er mich siezt.

»Ja«, sage ich heiser und räuspere mich. »Ja. Und wer sind Sie?«

»Fritz.«

Beinahe hätte ich das vergessen, aber jetzt wische ich schnell die Karte von meinem Handybildschirm weg und tippe auf Yu-Mis Namen, bevor ich das Teil in meiner Jackentasche verschwinden lasse. Hoffentlich kriege ich wieder eine Verbindung. Keine Ahnung, warum das Netz plötzlich weg war.

»Sie müssen bitte entschuldigen«, sagt Fritz und zieht eine komische kleine Box unter seinem Mantel hervor. Die Box hat eine Antenne und sieht genauso aus wie die Teile auf den Fotos, die ich neulich bei einem Online-Shop im Darknet gesehen habe: *Jammer*. Handyblocker. Ich bin abgeschnitten.

Scheiße.

Warum renne ich nicht einfach weg, solange es noch geht?

Weil ich gar nicht weiß, wohin.

Weil meine Knie sich bröselig anfühlen wie Quinoa-Kekse.

Weil sich hinter mir eine zweite Stimme meldet.

»Gestatten, Fritz.«

Ich drehe mich langsam um. Die Stimme ist tiefer und weicher. Sie gehört einem leicht untersetzten Mann. Rundes Gesicht und schwarzes Haar. Aber dasselbe Alter, der gleiche Trenchcoat, auch er hat den Kragen hochgeschlagen. Was geht hier ab?

»Fritz Jones, der Vollständigkeit halber«, fügt der zweite Fritz an und nickt zu dem ersten Fritz hinüber. »Das ist mein Kollege Fritz Smith.«

»Mr Smith und Mr Jones …«, murmle ich.

»Korrekt«, nickt Fritz Smith. »Wir haben Sie hierhergebeten, um mit Ihnen über einige Ihrer Online-Aktivitäten zu sprechen.«

Ich nehme meinen Mut zusammen und sage: »Egal,

ob Sie mein Handy blocken oder nicht. Meine Freunde sind hier überall.«

»WhatsApp-Hack, E-Mail-Hack, Webseiten-Hack, DDoS-Attacken«, zählt der Mann auf, ohne auf meine Worte einzugehen. »Sie sind noch sehr jung und kommen vielleicht mit einer Bewährungsstrafe davon. Aber garantieren kann ich Ihnen das nicht.«

Da erfasst mich beinahe eine Art Erleichterung. »*Uwe*, schießt es mir durch den Kopf. Polizei! Die können mich vielleicht verhaften, vor Gericht stellen, ins Gefängnis werfen, was weiß ich. Aber sie werden mir nichts ... *antun*. Wobei – was sind das für Polizisten, mit diesen bescheuerten Namen?«

»Haben Sie ... ich meine – kann ich Ihre Dienstausweise sehen?«

»Oh, das ist ein Missverständnis«, sagt Jones, der andere, untersetzte Fritz hinter mir. Ich drehe mich zu ihm um. »Wir arbeiten nicht für eine Behörde. Und wir kooperieren nur im Notfall mit der Polizei. Was Sie betrifft, hoffen wir doch sehr, dass wir uns anderweitig einig werden.«

»So, dass wir unser Wissen über Ihre Aktivitäten gar nicht erst an die Behörden weiterleiten müssen«, ergänzt Smith.

Ich wende mich wieder zu ihm um. Das macht mich völlig verrückt, dass die beiden mich so in die Zange nehmen. Ich mache zwei, drei, vier Schritte zur Seite, heraus aus dem schmutzig gelben Lichtkegel der Funzellampe, damit ich sie beide gleichzeitig sehe. Sie bewegen sich nicht. In meinem Rücken ist jetzt die Wand mit dem vernagelten Fenster. Ich kann nicht abhauen, das wissen sie. Sie sind sich ihrer Sache völlig sicher.

Scheiße.

Was wollen die?

»Es geht uns eigentlich gar nicht so sehr um Sie, Zille«, sagt Smith. Seine Stimme ist immer noch genauso freundlich wie kalt. Das schmale Gesicht mit der spitzen Nase verrät keine Regung. »Es geht um einen gemeinsamen Bekannten. Daemon.«

»Sie sind von MetzCon!«, stoße ich hervor und beiße mir auf die Lippe.

Das hätte ich nicht verraten sollen. Ich darf überhaupt nichts mehr verraten. Am besten, ich stelle mich ganz dumm. Ganz dumm und ganz klein und ganz harmlos und niedlich. O Gott, Mama, bitte hol mich hier raus!

»Wir würden uns gern einmal persönlich mit Daemon austauschen«, sagt Jones. »Leider antwortet er nicht auf unsere E-Mails.«

»Und da haben wir uns gedacht«, fährt Smith fort, »Sie könnten uns ein wenig unterstützen, indem Sie für uns ein Treffen arrangieren.«

»Was? Ich verstehe nicht ...«

»Doch, ganz bestimmt«, widerspricht Jones. »Sie sind eine kluge junge Frau und verstehen sehr wohl. Wir möchten Daemon gerne kennenlernen, und zwar genau hier an dieser Stelle. Am kommenden Sonntag. Um sechs Uhr am Morgen.«

»Aber wie soll ich denn ...« Etwas macht mich stutzig. »Wieso ausgerechnet um diese Uhrzeit?«

Jones verzieht sein rundes Gesicht zu einem gönnerhaften Lächeln.

»Wir möchten doch, dass Sie anschließend noch rechtzeitig zu Ihrem Basketballspiel kommen. Am Sonntag steht das Viertelfinale an, wenn wir da recht informiert sind?«

»Dafür drücken wir Ihnen natürlich die Daumen, Zille«, sagt Smith. »Oder möchten Sie lieber Celina genannt werden?«

Ich will etwas erwidern, aber mir fällt überhaupt gar nichts mehr ein. Die beiden Männer scheinen alles über mich zu wissen.

»Also dann«, sagt Smith. »Wir freuen uns, wenn wir Sie und Daemon am Sonntagmorgen hier begrüßen dürfen. Andernfalls stellen Sie sich bitte darauf ein, dass gleich am nächsten Tag die Polizei bei Ihnen und Ihrer Mutter klingelt und einige sehr unangenehme Fragen stellen wird.«

»Dann wünschen wir Ihnen noch einen schönen Abend«, sagt Jones und die beiden wenden sich zum Gehen. »Kommen Sie gut nach Hause. Und – passen Sie auf sich auf. Das ist eine zwielichtige Gegend hier.«

»Moment«, rufe ich.

»Ja?«

Die Männer halten inne.

»Ich will ... also – wie sind Sie auf mich gekommen? Woher wissen Sie überhaupt, wer ich bin?«

Smith legt seinen spitznasigen Kopf schräg und sagt mit einer Spur von Spott in der Stimme: »Sie erinnern sich an Bloody_F!ght3r? Das waren wir. Wir mussten an Ihre Mail-Adresse herankommen, um zu sehen, ob Sie wirklich Scriptkid Zille sind. Zuvor haben wir wochenlang das Dark-Place-Forum beobachtet und festgehalten, mit welchen Personen unser Freund Daemon in irgendwelchen Chatrooms Kontakt hatte. Und all die Nicknames haben wir notiert und das Clearnet danach abgesucht.«

»Es war nur eine Frage der Zeit, bis eine dieser Personen einen Fehler macht«, sagt Jones. Er schaut mich beinahe entschuldigend an. Sofern ich das im gelben Schmutzlicht richtig erkennen kann. »Und das – Bingo – waren dann Sie. Sie haben sich in verschiedenen Foren im Darknet als Scriptkid Zille bezeichnet. Und genau unter diesem Namen haben Sie auch einen Link zu Ihrem Webshop gepostet – in einem anderen Forum. Im Clearnet. Und darüber sind wir an Ihre IP-Adresse gekommen und konnten Sie zurückverfolgen.«

Mir klappt die Kinnlade runter.

»Tja«, meint Smith. »Und den ganzen Rest hat uns Instagram verraten. Machen Sie sich nichts draus, beim nächsten Mal läuft es besser.«

Damit wenden sie sich endgültig ab und schlendern gelassen in die entgegengesetzte Richtung, aus der ich gekommen bin. Ich sehe ihnen nach, bis der letzte Rest des gelben Lichts von ihnen abgefallen ist und die Finsternis sie verschluckt hat.

Noch eine ganze Weile stehe ich da. Glotze in die Dunkelheit, als hätte ich völlig vergessen, dass ich mich einfach umdrehen und weggehen kann. Blinzle in die Öffnung des vernagelten Fensters vor mir und lausche, ob drinnen jemand kichert. Aber da ist niemand. Nirgends ist mehr jemand. Es kostet richtig Anstrengung, bis sich meine Füße endlich in Bewegung setzen. Ungelenk tappe ich auf steifen Beinen Schritt für Schritt durch die Gasse zurück. Das Klingeln und die Vibration meines Handys in der Jackentasche fahren mir durch Mark und Bein.

Yu-Mi.

»Mein Gott, wo steckst du? Warum war dein Handy tot?«

»Es lebt ja wieder ...«, sage ich und versuche, ganz easy zu klingen. »Ich bin auf dem Rückweg. Und wo bist du?«

»Ich bin – ah, ich sehe dich.«

Dort, wo die Gasse sich weitet und wieder heller wird, steht sie und winkt. Ich winke zurück und schiebe das Handy wieder in die Tasche. Merke, dass ich plötzlich schneller gehe, laufe, renne, ihr um den Hals falle. Sie schließt mich in die Arme.

»Du zitterst ja«, sagt sie.

Stimmt. Jetzt merke ich es auch.

8

Ich dachte, ich könnte für die nächsten Tage nichts mehr essen, so ein doofes Gefühl hatte ich im Magen. Aber jetzt lassen wir uns einen Döner schmecken, trinken Eistee dazu und es ist ganz hell und freundlich in dem Laden. Wir sind zurück auf der anderen, auf *unserer* Rheinseite und sitzen in einem belebten Imbiss. Es ist inzwischen schon nach Mitternacht, aber hier tobt das Leben. Verschiedene Sprachen schwirren durcheinander und die Begegnung mit den Herren Smith und Jones kommt mir total unwirklich vor.

Wir sitzen auf Barhockern an einem hohen Tisch. Ich mampfe still vor mich hin und liebe Yu-Mi dafür, dass sie mir keine Vorwürfe macht und erst recht nicht darauf herumreitet, dass sie diese Geschichte von Anfang an für gefährlich gehalten hat.

Sie kaut bedächtig, schluckt bedächtig, tupft sich bedächtig den Mund mit dieser unangenehmen Papierserviette ab und sagt: »Vielleicht solltest du mit deiner Mutter überlegen, ob du dir einen Anwalt nimmst und selbst zur Polizei gehst.«

»Du meinst, ich soll mich selbst anzeigen? So – Hallo, ich bin Zille, ich hab ein paar Websites gehackt und

E-Mails und WhatsApp-Accounts, bitte bestrafen Sie mich schnell, bevor Sie es von Mr Smith und Mr Jones erfahren? Oder was?«

Ich schüttle den Kopf und nehme einen großen Schluck Eistee.

»Ja, so ähnlich«, sagt sie. »Und gleichzeitig erstattest du Anzeige gegen diese beiden blöden Fritzen.«

Ich pruste und verschlucke mich beinahe an dem Eistee. Genau! Blöde Fritzen! Über die beiden Kerle zu lachen ist total befreiend. Aber nur für einen winzigen Augenblick.

Denn jetzt sagt Yu-Mi: »Sie haben dich bedroht, sie wollen dich erpressen. Ich würde sagen, das ist mindestens so strafbar wie das, was du getan hast.«

»Ach, bist du jetzt etwa auch noch Juristin?«

Etwas zu hart habe ich das Glas auf dem Tisch abgestellt, etwas zu hart hat meine Stimme geklungen. Was macht mich denn plötzlich zornig? Dass Yu-Mi mir auf den Kopf zusagt, dass ich eine Straftäterin bin? Oder ganz generell, dass ihr keine andere Lösung einfällt, als zur Polizei zu gehen?

»Von Jura verstehe ich nichts«, sagt sie ruhig. »Aber es liegt auf der Hand, dass du weniger hart bestraft wirst, wenn du dich selbst anzeigst. Das ist immer noch besser, als wenn diese Männer dich anzeigen.«

»Warte mal, warte mal.« Ich hebe die Hände ein wenig, als müsste ich Yu-Mi auf Abstand halten. »Du tust ja so, als wäre das die einzige denkbare Option.«

»Ja, so sehe ich das«, sagt sie. »Du hast doch wohl nicht die Absicht, dich auf dieses hinterhältige Spiel einzulassen. Und selbst wenn – wie würdest du es anstellen, diesen Daemon am Sonntagmorgen in aller Frühe zum Hafen zu locken?«

»Ach, Bullshit!«, schimpfe ich und winke ab. »Ich hab doch gar nicht gesagt, dass ich bereit bin, Daemon zu opfern, um meine Haut zu retten. Wir müssen eben ... na ja, eine dritte Möglichkeit finden. Irgendeinen Ausweg aus dem Dilemma.«

»Ein Dilemma heißt Dilemma, weil es immer nur zwei Möglichkeiten gibt und keine dritte«, erläutert Yu-Mi. Ihre altkluge Art raubt mir den Nerv. »Schon die Vorsilbe *Di-* zeigt ja, dass es sich um lediglich zwei ...«

»Irgendwelche bekackten Vorsilben bringen uns hier auch nicht weiter!«, entfährt es mir.

Für einen Moment verstummen die Gespräche rings um uns und etliche Augenpaare stieren mich an. Kurz kommt es mir so vor, als würden alle Menschen in diesem Imbiss heimlich für MetzCon arbeiten und hätten nur darauf gewartet, dass ich mich durch irgendeine Dummheit verrate.

»Sorry«, murmle ich, »alles gut.«

Die Leute wenden sich wieder ab.

»Entschuldige«, flüstert Yu-Mi. »Es tut mir leid, dass ich etwas gesagt habe, was dich nicht weiterbringt. Und es tut mir leid, dass ich überhaupt bis hierher mitgemacht und dich auch noch zu deinem hirnrissigen Treffen dort am Hafen begleitet habe.«

Sie rutscht von ihrem Hocker und kramt in ihrem Portemonnaie, um ihren Döner zu bezahlen.

Ich brauche einen Moment, um ihre Worte zu verstehen. Denn die Entschuldigung war ja ironisch gemeint. Oder sarkastisch. Und das bin ich bei Yu-Mi einfach nicht gewohnt. Ich glaube, ich habe sie in all den Jahren unserer Freundschaft noch niemals etwas Ironisches oder Sarkastisches sagen hören. Deshalb sollten bei mir jetzt alle Alarmglocken schrillen. Ja, sie schrillen auch tatsächlich, aber ich bin gelähmt und unfähig zu reagieren, ich bleibe einfach hocken.

Ich sollte sie aufhalten, sollte ihr sagen, dass *ich* mich entschuldigen muss, nicht sie. Dass ich ohne sie ja noch nicht mal die Hälfte des Rätsels geknackt hätte. Dass ich ihr unendlich dankbar dafür bin, dass sie mich heute Abend begleitet hat. Und dafür, dass sie sich meinen Kopf zerbricht und ganz rational nach einer Lösung sucht, während ich mich anstelle wie ein bockiges Kindergartenkind.

All diese Sätze sind in meinem Kopf, aber sie finden keinen Weg aus meinem Mund heraus. Ich starre Yu-Mi nur an, wie sie bezahlt, von der Theke zurückkommt und ihre Jacke nimmt.

»Wir sehen uns dann morgen in der Schule«, sagt sie. »Gute Nacht.«

Und geht.

Verdammte Kackscheiße.

Und wenn sie nicht gegangen wäre, sondern mir hier noch gegenübersäße und mich tagelang ansähe, würden diese Sätze trotzdem nicht aus meinem Mund kommen, weil ich so was einfach nicht hinkriege. Mich entschuldigen. Nette Dinge sagen. Nein. Kann ich nicht. Ich bin immer nur die, die mit irgendwelchen vorgefertigten Lösungen hantiert. Ein Scriptkiddie ohne Ideen.

Natürlich habe ich jetzt keinen Hunger mehr.

Ich schiebe den Teller von mir weg und greife nach meinem Handy. Weil dieser Griff immer das Erste ist, wenn ich nicht weiß, was ich sonst tun soll.

Daemon hat mir geschrieben. Ich solle mich nicht ärgern, wenn ich das Rätsel nicht geknackt kriege. Vielleicht wäre es eh besser, die Finger davon zu lassen.

Toll.

Ich drücke ihn mit dem Home-Button weg und schaue deprimiert auf den Startbildschirm. Das Icon der App fürs Darknet grinst mich blöde an. Auf dem Icon prangt eine Zwiebel als Symbol. Am liebsten würde ich mein Handy jetzt in der Dönersoße ersäufen.

Doch dazu ist es wohl zu spät.

9

Ich quäle mich aus dem Bett und zum Frühstück, obwohl mir ein bisschen übel ist. Der Döner von letzter Nacht liegt mir noch im Magen. Und die beiden Männer namens Fritz. Und Daemon. Und Yu-Mi.

Unsere Küche ist groß und hell, es duftet nach Kaffee, meine Mutter sitzt auf der Eckbank vor ihrem Müsli und lächelt mich an. Ich hasse jedes Detail an dieser Szene.

»Guten Morgen, Celina, mein Schatz. Du sieht ganz schön gerädert aus.«

»Hm ... ja.«

»War es kein schöner Abend mit Yu-Mi? Habt ihr gestritten?«

Ich zucke zusammen.

»Woher ...«

Jeder scheint hier plötzlich jeden zu überwachen.

»Na«, sagt sie, »du wolltest doch eigentlich bei ihr übernachten. Da müsst ihr euch schon ordentlich gefetzt haben, wenn du mitten in der Nacht nach Hause kommst. Komm her.«

Sie klopft auf den freien Platz neben sich auf der Bank.

Ich setze mich auf den Stuhl ihr gegenüber und gieße mir Kaffee ein.

»Hm ... ja«, mache ich wieder. Dass ich gestern gesagt habe, dass ich bei Yu-Mi schlafe, hatte ich zwischenzeitlich komplett vergessen. »Kleine Meinungsverschiedenheit. Nichts Ernstes.«

Sie runzelt die Stirn.

Nichts Ernstes. Das sagt man vielleicht, wenn man flüchtig mit einem Typen geknutscht hat. Oder keine Lust hat, wegen einer Sportverletzung zum Arzt zu gehen.

»Du kannst es mir erzählen«, sagt sie und schaut mich aufmunternd an.

Das heißt: Es soll sicher aufmunternd aussehen, auf mich wirkt es bedrohlich. Und selbst wenn ich ihr tatsächlich etwas erzählen wollte – ich wüsste gar nicht, wo ich da anfangen sollte.

»Ein anderes Mal«, sage ich und nehme einen großen Schluck Kaffee. Er ist zu heiß und zu stark für meinen Magen voller Döner und scharfer Soße mit Zwiebeln.

Ich stelle die Tasse ab und sage: »Du, ich fühle mich echt schlecht. Ich glaube, ich bleibe heute zu Hause.«

Da steht sie auf, kommt um den Tisch herum und legt eine Hand auf meine Stirn. Mit der anderen Hand streicht sie durch mein Haar. Für einen Moment fühlt es sich schön an. Als könnte sie mich beschützen. Aber das geht natürlich nicht, das weiß ich. Und sie weiß es auch, obwohl sie ja gar keine Ahnung hat, was gerade mein Problem ist. Ich bin eben kein Kind mehr. Ich merke, dass ihr das wehtut. Selbst mir tut es manchmal weh. Aber das gehört zum Erwachsenwerden dazu, denke ich mal. Sie hat ihre eigenen Probleme und ich meine.

»Vorschlag«, sagt sie. »Ich schreibe dir eine Entschuldigung und du legst dich wieder ins Bett und versuchst, dich ein bisschen zu entspannen. Ich schaue, dass ich früher Schluss mache. Dann koche ich uns was Schönes und wir unterhalten uns einfach ein bisschen. Okay?«

Der erste Teil wäre okay, denke ich, der zweite nicht so sehr. Offensichtlich hält sie mich für kerngesund, jedenfalls körperlich. Sonst würde sie mich in ihrer professionellen Ärztinnenart nach irgendwelchen Symptomen befragen und dann in der Hausapotheke die entsprechenden Medikamente zusammenstellen.

»Wenn es dir schlechter geht, ruf jederzeit an. Du weißt ja, die können mich anpiepsen.«

»Ja, danke.«

Sie gibt mir einen Kuss auf die Stirn, dann trinkt sie ihren Kaffee aus, rafft Mantel, Handtasche, Hausschlüssel und winkt noch mal durch den Flur, bevor sie abrauscht.

Stille.

Das heißt – nein, keine Stille. Erst jetzt fällt mir auf, dass das Radio läuft.

»... wurden aus Deutschland doppelt so viele Waffen in Krisengebiete geliefert wie im Vergleichszeitraum«, sagt ein Sprecher.

Ich stehe auf und schalte es aus.

Wie ist das wohl, wenn man Waffen herstellt? Wenn man diese Einzelteile vor sich sieht – fühlt es sich so an, als könnten die genauso gut für Fahrräder oder Traktoren oder Gartenstühle geeignet sein? Oder denkt man dabei an die Menschen, die eines Tages dadurch sterben werden? Durchbohrt, verstümmelt, zerfetzt?

Hat man ein schlechtes Gewissen oder ist man abgestumpft? Abgestumpft genug, um Gegner auch gewaltsam zum Schweigen zu bringen?

Wobei ich ja gar keine Ahnung habe, was sie mit Daemon tun würden, wenn sie ihn tatsächlich kriegen. Vielleicht wollen sie ihn bloß zur Polizei bringen, damit er für seine Cyber-Attacken vor Gericht gestellt wird? Oder ihn irgendwie ... beseitigen.

Es liegt in meinen Händen. Ich schaue sie mir an, meine Hände, drehe die Innenflächen nach oben. Sie zittern ein bisschen. Mir ist kalt.

Auf der Stirn fühle ich immer noch den Kuss von vorhin. Ich ziehe mir die Kapuze über den Kopf.

Dann nehme ich den Kaffee mit in mein Zimmer, hocke mich unters Bett und starte den Rechner. In die Suchzeile gebe ich die Wörter *Hacken* und *Strafe* ein. Und wundere mich, dass ich das bisher noch nie getan habe.

Mir wird heiß, während ich die verschiedenen Seiten überfliege. Geldstrafen, Sozialstunden, Haftstrafen, drei Jahre Gefängnis ... Ich schaue wieder auf meine Hände. Sie fühlen sich feucht an. Ich halte Daemons Schicksal in meinen Händen. Und mein eigenes. Ich denke diesen Gedanken und finde ihn total absurd. Mein Kopf hält das nicht für real. Meine Hände anscheinend schon. Sonst wären sie nicht so schwitzig. Ich wische sie an meinem Pulli ab.

Auf einmal wird alles wirklich: Die Übernahme von

Leos WhatsApp-Account. Meine Attacke auf den Laden seines Vaters. Alle Attacken und Hacks seitdem. Bis zu dem Angriff auf Beppos Pizzaladen. Das alles habe tatsächlich *ich* gemacht. Mit genau diesen Fingern hier.

Ich lege den Rechner weg, stehe auf, gehe ein bisschen auf und ab. La Catrina weicht meinem Blick aus. Von ihr ist keine Hilfe zu erwarten. Bloody_F!ght3r, Mistkerle. Haben sich Smith und Jones nicht genauso strafbar gemacht wie ich? Oder sogar noch mehr, wie Yu-Mi vermutet? Würden sie es trotzdem wagen, zur Polizei zu gehen?

Nein, das müssen die ja gar nicht. Sie brauchen nichts von sich selbst preiszugeben. Sie können irgendwelche Beweise – keine Ahnung: Screenshots? Was weiß ich? – ganz anonym an die Polizei schicken. Ich kann dann zwar sagen, dass ich von zwei Unbekannten erpresst worden bin. Das ändert aber rein gar nichts daran, dass ich trotzdem vor Gericht komme. Verdammt. Die Arschlöcher sitzen am längeren Hebel.

Also einen Anwalt nehmen? So was kann ich ja nicht allein, ich muss mit Mutti reden. Wahrscheinlich wird sich auch mein Vater in die Sache einschalten. Ich sehe die beiden schon vor mir, wie sie sich anzicken. Dass sie sich nicht um mich kümmert, wird er sagen. Dass er sich ja selber mal kümmern könnte, wird sie erwidern. Genau dieselbe Scheiße, die sie schon abgezogen haben, als ich mit acht Jahren mal versucht habe, bei Lidl Gummibärchen zu klauen. Und die sie wieder und wieder abgezogen haben, bis sie endlich reif genug gewesen sind, um sich scheiden zu lassen.

Ich kippe das Dachfenster ein wenig und lehne mich hinaus. Unsere Wohnung liegt im vierten Stock und das Dach ragt so weit vor, dass ich von hier aus nicht bis hinunter zum Bürgersteig sehen kann. Hinter den Fenstern gegenüber regt sich nichts. Ein stinknormaler Vormittag, alle gehen irgendwo Beschäftigungen nach. Nur ich nicht.

Jetzt im Herbst, wo man drinnen früh das Licht anmacht, kann ich von hier aus manchmal ein paar Blicke in die Wohnungen auf der anderen Straßenseite erhaschen. Die fünfköpfige Familie am Küchentisch, perfektes Idyll. Die alte Frau, die beinahe zärtlich mit einem Wedel die Kakteen auf ihrer Fensterbank vom Staub befreit. Der junge Typ, meistens in Boxershorts, der ständig mit dem Handy am Ohr und wild gestikulierend durch seine Wohnung auf und ab läuft. Die Studis aus der WG, die nie vor dreiundzwanzig Uhr abends kochen. Flüchtige, meist unabsichtliche Einblicke in fremde Leben. Unbemerkt, wie durchs Schlüsselloch geblinzelt. Bei mir selbst kann niemand reinblinzeln, die Häuserzeile gegenüber ist niedriger. Man bräuchte schon eine Drohne, um von oben durchs Dachfenster in mein Zimmer zu sehen. Ganz sicher hat MetzCon haufenweise Drohnen in seiner Produktpalette. Aber das müsste man ja hören, oder?

Nein, die brauchen keine Drohnen. Keine Peilsender oder Wanzen oder so was, ich hab ihnen ja alles gratis geliefert. Ungeschützt, für jeden einsehbar. In dem Moment, wo sie meine Identität geknackt hatten, kannten sie meine diversen Profile, haben sich wahrscheinlich die Strandfotos vom letzten Sommer angesehen, meine Playlists angehört, Berichte über unsere Basketballspiele gelesen. Sie wissen, wie viele Punkte ich letzte Woche gemacht habe. Was ich gerne esse, was ich gerade lese und wo ich mein Rad gekauft habe.

Ich klappe das Fenster wieder zu und ziehe das Plissee herunter. Mein Zimmer wird kaum dunkler, weil das Licht draußen eh so fade ist, aber ich fühle mich einen Augenblick lang etwas sicherer. Trotzdem bleibt da dieses unterschwellige Gefühl, beobachtet zu werden. Auf einmal verstehe ich Leo. Warum der so ein Theater gemacht hat, damals. Es ging ja nicht nur darum, dass jemand sein Handy gehackt und die Website vom Laden seines Vaters abgeschossen hatte. Sondern um das allgegenwärtige Unbehagen, nicht zu wissen, wer das getan hat und warum; was er oder sie überhaupt alles weiß und wann er oder sie das nächste Mal zuschlagen wird.

Das Lächeln der Catrina kommt mir kalt vor. Wir stehen einander gegenüber, Auge in Auge, bis ich meinen Blick senken muss. Was möchtest du in Zukunft lieber sein, Zille?, fragt sie mich stumm. Eine vorbestrafte Kleinkriminelle oder eine feige Verräterin?

Nein, weder noch. Dilemma hin oder her, es muss einen dritten Weg geben. Und ich wünschte, ich könnte mit Yu-Mi darüber reden. Aber die sitzt ja gerade in der Schule. Denke ich mal. Und als Erstes müsste ich mich dann wohl bei ihr entschuldigen. Ich sehe ihr Gesicht vor mir, wie sie letzte Nacht diesen Dönerladen verlassen hat. Natürlich war ihr Gesicht wie immer. Gleichzeitig aber auch nicht. Da lag Zorn in ihrem Blick. Und eine tiefe Verletztheit. So tief, dass das nicht nur mit unserem Streit zu erklären ist. Etwas hat sich da bei ihr aufgestaut. Ich ahne ein bisschen, was es ist. Aber ich habe keine Worte dafür.

Bleibt also Daemon.

Ich hocke mich wieder an meinen Laptop, rufe den Chat auf, wische noch einmal meine Finger ab. Aber das ist unnötig, denn plötzlich bin ich ganz ruhig und weiß genau, was ich ihm schreiben werde.

10

Ich schrecke hoch. Irgendein beknackter Traum, ich kann mich schon nicht mehr erinnern. Ich reibe mir schläfrig die Augen. Mein Rücken tut weh. Ich wische mir einen Schleimfaden aus dem Mundwinkel. Offenbar bin ich in meiner Höhle unter dem Hochbett eingeschlafen und dabei halb von meinem Sitzsack gerutscht. Trotzdem habe ich in der verdrehten Stellung den ganzen Vormittag verpennt, stelle ich fest, denn inzwischen ist es schon halb eins. Nachdem ich vorhin die ganze Geschichte über das Rätsel der Zikadenwespe und über meine Begegnung mit Mr Smith und Mr Jones in den Darknet-Chat getippt hatte, fühlte ich mich total befreit und bin anscheinend sofort eingeschlafen. Wobei – ich habe nicht die ganze Geschichte aufgeschrieben. Ein paar Sachen habe ich weggelassen. Zum Beispiel die Namen. Fritz Smith und Fritz Jones.

Ich glaube, die waren von MetzCon, habe ich geschrieben. *Sie haben komische Fantasienamen benutzt.* Mehr nicht. Ich bin mir nicht sicher, aber ich stelle es mir so vor, dass Daemon mich nach diesen Namen fragen wird. Dass er nach Anhaltspunkten suchen wird, wer genau es auf ihn abgesehen hat.

Ich *will*, dass er mich danach fragt. Denn irgendwo in meinem Hinterkopf gibt es die Angst, dass Daemon den Kontakt abbricht. Dass er sich von mir verraten fühlt und sich nie wieder bei mir meldet, dass er sich neue Identitäten im Darknet zulegt und ich niemals wieder von ihm hören werde. Dass er mich fallen lässt. Weswegen ich ihm noch nicht einmal richtig böse sein könnte, denn schließlich war ich kleines Scriptkiddie blöd genug, mich von seinen Feinden in die Falle locken zu lassen. Gegen seine ausdrückliche Warnung.

Darum habe ich ihm einen Köder ausgeworfen.

Das ist vielleicht nicht ganz fair.

Ich leere meine Kaffeetasse. Die Brühe ist kalt und hinterlässt einen ätzenden Geschmack im Mund. Immerhin ist mir nicht mehr schlecht. Ich stehe auf, gehe in die Küche und esse einen Joghurt.

Gar nichts an dieser Geschichte ist fair, denke ich beim Essen. Nicht Leos Kacksprüche, nicht mein Hacking gegen ihn und seinen Vater und schon gar nicht, dass diese Typen mich erpressen. Auch nicht mein Verhalten gegenüber Yu-Mi. Und eigentlich ist es genauso wenig fair, dass Daemon und seine Freunde sich als Richter aufspielen. Als ob ausgerechnet sie das Recht hätten zu entscheiden, was gutes Hacking ist und was böses. Wen man angreifen darf und wen nicht.

Ja, im Grunde ist es doch seine Schuld! Er ist schließlich hier der Meisterhacker, der den Hass irgendwelcher gewissenloser Konzernbosse auf sich zieht. Ich selbst bin doch nur ein kleiner Fisch, ein harmloses Scriptkid. Niemand hätte sich je für mich interessiert, wenn ich nicht Kontakt zu Daemon hätte. Ohne ihn säße ich jetzt nicht in dieser Scheiße.

Bullshit.

Ich bin gerade dabei, mir alles schön zurechtzubiegen. Meine Gedanken drehen sich im Kreis wie eine Klospülung, die alles mit sich in die Kanalisation reißt.

Ich schmeiße den leeren Joghurtbecher in den Müll und gehe zurück in mein Zimmer. Hocke mich unters Bett, nehme den Laptop wieder auf den Schoß und zucke regelrecht zusammen. Er hat geschrieben!

>Daemon: fantasienamen? wie lauten die?

Mehr nicht. Keine Vorwürfe, nichts. Nur diese Frage. Ich spüre meinen Herzschlag, als ich die Finger auf die Tasten lege. Beinahe, als säße ich ihm jetzt physisch gegenüber und wäre aufgeregt, was er als Nächstes sagt. Oder ob er überhaupt noch etwas sagt.

>me: sie nennen sich beide fritz. soll sicher ne anspielung auf diesen nietzsche sein. fritz smith und fritz jones.
>Daemon: dann sind die wirklich von MetzCon.
>me: woher weißt du das? kennst du die? bist du denen schon einmal begegnet?

Keine Antwort. Eine Minute vergeht. Zwei Minuten. Ich starre auf die Uhrzeit unten rechts in der Taskleiste. Drei

Minuten. Vielleicht denkt er nach. Vielleicht bucht er gerade ein Flugticket, um sich aus dem Staub zu machen. Vielleicht ist er bloß zum Klo oder holt sich einen Kaffee.

Falls es wirklich einen dritten Weg gibt, dann jetzt oder nie. Ich schreibe.

>me: diese leute von MetzCon sind kriminell. ich weiß nichts über diese firma oder darüber, gegen welche gesetze die vielleicht verstößt. aber dass sie uns erpressen, ist kriminell genug. können wir die nicht irgendwie zurückerpressen? wir haben eine woche zeit. wir könnten versteckte kameras an dem treffpunkt anbringen. alles filmen und ihnen drohen, dass wir das an die presse geben, wenn sie uns nicht in ruhe lassen.

>me: Daemon?

Fuck. Ich habe es verbockt. Ich will gerade den Laptop zuklappen und in die Ecke pfeffern, da meldet er sich.

>Daemon: du schreibst »wir« und »uns«, als würdest du mit drinhängen. aber es ist mein problem, nicht »unseres«.
>me: doch. ohne meine dummheit wärst du nicht in der situation. und eigentlich bräuchtest du dich überhaupt nicht drum zu kümmern. du könntest das ignorieren und mich einfach der polizei überlassen.

>Daemon: ja, könnte ich vielleicht. und ich bin sogar ein bisschen sauer auf dich. aber nicht sehr. ;-) und es wäre nicht mein stil, dich jetzt hängen zu lassen.

Ein warmes Gefühl durchströmt mich. Fast wie vorhin bei dem Kuss meiner Mutter. Nein, noch viel stärker als vorhin. Daemon lässt mich nicht hängen!

>me: also? was denkst du? wollen wir uns die typen vorknöpfen?
>daemon: ja, das wollen wir. ich bin noch nicht sicher, ob wir es mit kameras machen oder anders.

Klingt, als wäre das das größte Kompliment, das man in seiner Welt machen kann. Ich merke, dass ich übers ganze Gesicht grinse. Etwas übermütig schreibe ich:

>me: sollen wir uns vlt mal diesen ort am hafen ansehen? zusammen?

Plötzlich wieder das Herzklopfen. Habe ich ihm gerade ein Date vorgeschlagen? Na, natürlich kein Date. Aber ich habe indirekt vorgeschlagen, dass wir uns treffen. Wie von Sinnen hämmere ich auf den Refresh-Button, als könnte ich dadurch seine Antwort beschleunigen. Was natürlich Unsinn ist. Schließlich schreibt er:

>Daemon: guter vorschlag. hast du donnerstagnachmittag zeit?

Nein, habe ich nicht. Da ist Training. Das letzte Training vor unserem wichtigen Viertelfinalspiel.

>me: ja! wann und wo immer es dir passt.

11

Yu-Mi sieht mich gleich und wundert sich gar nicht. Offenbar hat sie damit gerechnet, dass ich sie nach der Schule hier abpasse. Ich stehe vor dem Eingang bei den Fahrrädern.

»Hey«, sagt sie.

»Hey.« Ich nehme sie in den Arm. Sie lässt es zu.

»Ich habe mich noch gar nicht bedankt, dass du gestern mit mir gekommen bist«, sage ich. »Also – danke. Und ich will mich entschuldigen, dass ich mich so ätzend benommen habe. Also – entschuldige bitte.«

»Ist okay«, sagt sie und schiebt mich eine Armlänge von sich weg. »Was war heute Morgen los? Warum hast du gefehlt? Bist du schon bei der Polizei gewesen?«

»Ich ... nee. Ich war einfach total fertig von letzter Nacht und brauchte ein bisschen Ruhe. Und Abstand.«

»Von mir?«

»Von dir am wenigsten. Komm, ich spendiere einen Kaffee. Beziehungsweise Kakao.«

Yu-Mi trinkt nämlich gar keinen Kaffee. Sie ernährt sich vollkommen gesund; Kakao ist so ziemlich das Einzige, was sie sich ab und zu gönnt.

Eine Straße weiter liegt eine Bäckerei, die um diese

Zeit immer von Schülern belagert wird. Die meisten kaufen sich schnell ein Brötchen für den Heimweg oder für die Mittagspause, wenn sie später noch Unterricht haben. Auch ich hätte an diesem Nachmittag zwei Stunden, doch ich bin ja offiziell krank und entschuldigt. Praktischerweise kommen so gut wie nie irgendwelche Lehrer in diesen Laden.

Wir ergattern einen freien Tisch ganz hinten und ich stelle einen dampfenden Kakao vor Yu-Mi hin. Auf dem Weg von der Schule hierher habe ich ihr kurz von dem Plan berichtet, den ich mir vorhin mit Daemon überlegt habe.

»Na ja, es ist natürlich noch kein richtiger Plan«, sage ich, »aber ein Anfang davon. Ein Ausweg aus dem Dilemma. Zumindest eine Möglichkeit. Ist das nicht großartig?«

Nein, findet sie gar nicht. Sagt aber nichts, sondern nippt an dem heißen Kakao.

»Okay, großartig ist vielleicht kein passendes Wort«, sage ich. »Aber ich war zwischendurch richtig verzweifelt und jetzt gibt es eine echte Perspektive, verstehst du?«

»Nenne es ruhig großartig, wenn du willst«, brummt Yu-Mi. »Ich will deinen Enthusiasmus gar nicht bremsen. Und ich will auch nicht immer nur meine Bedenken vortragen.«

Sie stellt ihre Tasse ab und legt beide Hände übereinander auf den Tisch, wie sie das in der Schule macht, wenn sie sich besonders auf den Lehrer konzentriert. Meistens meldet sie sich dann nach einer Weile zu Wort und erklärt, warum das, was der Lehrer gerade gesagt hat, so nicht stimmen kann.

Sie sagt: »Ich habe keine Lust mehr, die spießige kleine Freundin zu sein, die dir ständig erklärt, dass du vernünftig sein sollst. Das wäre vielleicht der Job deiner Mutter. Ich bin schließlich keine Spielverderberin. Also wenn du dich so furchtbar dringend weiter in Gefahr bringen willst und dich immer tiefer in diese Sache verstricken musst – dann tu es halt.«

»Moment mal«, sage ich. »Du bist nicht spießig. So was würde ich nie sagen. Du bist klug und witzig und auf deine Art der allercoolste Mensch, der mir je begegnet ist.«

»Auf meine Art«, wiederholt sie. »Was für eine Art soll das denn sein? Ich sehe doch, wie du manchmal die Augen verdrehst. Ich war schon damals dagegen, dass du Leos Handy knackst. Ja, Leo ist ein Idiot, aber nichts rechtfertigt, dass du deswegen in die Privatsphäre eines Menschen eindringst. Ich habe das toleriert und dich gedeckt und auch nichts unternommen, als du mir von deinen weiteren Hacking-Aktivitäten erzählt hast. Aber das jetzt, das geht eindeutig zu weit. Du bringst dich und andere in Gefahr. Vor allem diesen Daemon. Wenn der überhaupt existiert.«

»Natürlich!«, schimpfe ich.

»Ja, klar, du hast mit ihm gechattet. Du kennst die Website von seinem TRUE-Projekt. Das alles könnte aber auch genauso gut ein Fake sein. Selbst diese Firma, von der du erzählt hast. MetzCon, richtig?«

Für einen Moment bin ich irritiert.

»Ja, MetzCon. Wie kommst du darauf? Dass das ein Fake ist?«

»Ich habe die halbe Nacht recherchiert«, sagt sie. »Ich war von unserem Streit aufgewühlt. Und von deinem Erlebnis. Konnte einfach nicht einschlafen. Es hat mich interessiert, was das eigentlich für eine Firma ist, die mutmaßlich ihre Angestellten – oder irgendwelche angeheuerten Agenten – ausschickt, um junge Frauen zu erpressen.«

Das Wort *mutmaßlich* hat sie ein bisschen stärker betont, als nötig gewesen wäre.

»Und?«, frage ich. »Hast du es herausgefunden?«

»Nein. Man findet im Netz kaum etwas über diese Firma. Es gibt eine Website, aber die hat fast keinen Inhalt. Nicht mal ein Impressum. Muss sie auch nicht, sie läuft nicht unter einer .de-Domain. Ich habe nach längerer Suche eine Adresse gefunden, in einer süddeutschen Kleinstadt, wo diese Firma angeblich sitzt. Dann habe ich bei Google Earth gesehen, dass es bei dieser Adresse nichts weiter gibt als eine Tankstelle.«

»Wie – Tankstelle?«

»Kapierst du das nicht? Das ist eine Briefkastenfirma. So nennt man Firmen, die gar nicht richtig existieren. Sie bestehen nur aus einem Briefkasten, nichts weiter. Reiche Leute benutzen so was, um ihr Geld zu verstecken.«

Nein, ich kapiere nicht das allerkleinste bisschen.

»Sie verstecken Geld in ihrem Briefkasten oder was?«

Da schlägt sich Yu-Mi mit der flachen Hand gegen die Stirn.

»Nein, auf irgendwelchen Bankkonten. Sie sagen, dass sie das Geld in die Firma investiert haben, und dann müssen sie keine Steuern dafür bezahlen. Jedenfalls sind das dann meistens Firmen in Panama oder auf den Bahamas oder so was.«

»Aha.« Langsam dämmert mir was. »Daemon hat mal geschrieben, dass MetzCon Dinge herstellt, die eigentlich längst verboten sind. Für Minen zum Beispiel. Schau, das passt doch zusammen! Sie machen illegale Geschäfte auf Kosten von Menschenleben und deswegen tarnen sie sich mit einer falschen Adresse. Deshalb braucht es schließlich Leute wie Daemon und das TRUE-Projekt, um diese Machenschaften auffliegen zu lassen.«

Sie schüttelt den Kopf.

»Ich sage nicht, dass es nicht so sein kann. Aber es kommt mir unwahrscheinlich vor. Womöglich existiert das nur in deiner Fantasie. Und der von diesem Daemon.«

»Na und?« Langsam werde ich wütend. Genau wie letzte Nacht. »Selbst wenn. Wenigstens *habe* ich Fantasie. Immerhin erlebe ich mal was Interessantes. Ich habe das Gefühl, dass ich da in eine große Sache hineingeraten bin. Vielleicht ist es falsch, da hast du recht, aber es ist was Großes. Ich war noch nie Teil von etwas Großem.«

Yu-Mi winkt ab.

»Mit derselben Begründung gehen Leute zu Pegida oder zum IS.«

»Klar«, sage ich. »Da ist es natürlich viel besser, man lebt brav sein Leben vor sich hin, lernt schön für die Schule, spielt zwischendurch ein bisschen Basketball und verliebt sich alle paar Monate in irgendeinen Typen, der einen aber niemals beachtet.«

»Aber Daemon beachtet dich, ja? Und diese Fritz-Kerle, die angeblich von MetzCon sind.«

Ihr Gesicht verrät keine Regung, doch ihre Worte triefen vor Spott.

»Ja. Ist *das* dein Problem?«

»Ich habe kein Problem«, erwidert sie. »Dafür bin ich viel zu fantasielos. Viel zu uninteressant.«

Sie steht auf. Ich auch. Ich will nicht schon wieder sitzen gelassen werden, während sie abrauscht. Da will ich lieber selber abrauschen und *sie* sitzen lassen. Wie auf ein stummes Kommando raffen wir unsere Jacken, sie klemmt sich die Schultasche unter den Arm und wir quetschen uns fast gleichzeitig durch die Tür der Bäckerei, die uns mit einem blechernen Bimmeln nach draußen verabschiedet.

Es hat schon wieder angefangen zu nieseln.

Die Szene war so albern, dass wir plötzlich beide grinsen müssen.

»Wann triffst du dich denn mit ihm?«, fragt Yu-Mi.

»Donnerstagnachmittag. Ich weiß, da haben wir ...«

»Ja.« Sofort verschwindet ihr Grinsen. »Das letzte Training vor dem entscheidenden Spiel. Ist ja nicht so wichtig. Völlig uninteressant im Vergleich zu all den großen Sachen da draußen im Darknet oder drüben am Hafen.«

»Warte, das ...«, rufe ich hilflos.

Doch Yu-Mi schwingt sich aufs Rad und düst ab.

Immerhin hat sie mich diesmal nur stehen, nicht sitzen gelassen.

12

»Jetzt schmeckt das Gemüse natürlich nicht mehr«, sagt Mutti. »Leider alles völlig verkocht.«

Sie klingt, als spräche sie nicht über den Hokkaido-Kürbis im Wok, sondern über ihr ganzes Leben.

»Wo bist du überhaupt gewesen? Ich dachte, du liegst im Bett und ruhst dich aus.«

»Hab ich auch erst. Aber ich musste kurz mal mit Yu-Mi reden.«

»Ah. Habt ihr euch ausgesprochen?« Sie schaut mich versöhnlich an. »Das ist gut. Und ich verstehe, dass du mit ihr persönlich reden wolltest. Als Mutter ist man ja froh, wenn die Kinder sich noch ab und zu in die Augen sehen, anstatt sich immer nur per WhatsApp auszutauschen. Oh Mann.« Sie fasst sich an den Kopf und lacht. »Ich klinge ganz schön alt, was?«

»Nein, ganz normal für eine Mutter, finde ich.«

Das geht mir so was von auf den Zeiger. Ist doch echt nicht mein Problem, wenn sie sich alt fühlt. Oder es doof findet, meine Mutter zu sein, weil sie lieber meine Freundin wäre.

Sie rollt mit den Augen, weil ihr meine Antwort nicht gefällt.

»Aber um was es in eurem Streit ging, magst du mir nicht erzählen?«

»Ist ja geklärt, wie gesagt«, antworte ich und schiebe mir eine Gabel voll verkochtem Kürbis-Lauch-Ananas-Matsch in den Mund.

»Hätte etwas mehr Ingwer sein können«, sagt sie. »Beim nächsten Mal mache ich das einfach als Suppe. Dann ist es egal, wie lange das auf dem Herd steht.«

»Hm, ja«, nicke ich mit vollen Backen.

Unsere Mutter-Tochter-Beziehung ist auch eine Art anonymisierter Kommunikation. Genau wie im Darknet. Als würden unsere Worte genau wie im Tor-Netzwerk über drei verschiedene Server umgeleitet und dabei jede Spur zwischen Absender und Adressat verwischen ...

»Jedenfalls bin ich froh, dass du wieder fit bist«, sagt sie. »Am Sonntag steht doch euer großes Spiel an. Und morgen ist das letzte Training, nicht wahr?«

»Jep.«

Und wenn ich alles vermassle, klingelt am Montag die Polizei bei uns, denke ich. Wie bei Shiny Flakes. Der lebte auch noch bei seiner Mutter, war gerade mit der Schule fertig und hat mit seinem Online-Shop im Darknet Millionen gemacht, erzählt man sich. In seinem Kinderzimmer fand die Polizei über dreihundert Kilo Drogen. Shiny Flakes ist eine Legende. Eine Legende, die für sieben Jahre in den Knast ging. Ich würde keine Legende werden, nicht mal ein Gerücht. Einfach nur von der Bildfläche verschwinden. Niemand würde mich vermissen.

»Du«, beginne ich plötzlich ansatzlos, »wenn man

herauskriegen möchte, ob eine Firma tatsächlich existiert oder nicht – wo guckt man da nach?«

»Oje«, sagt sie, »hast du wieder irgendwas bei einem dubiosen Versandhändler bestellt? Oder warum fragst du?«

»Nur so.«

Sie zieht zweifelnd die Augenbrauen zusammen.

Nur so ist die denkbar beschissenste Antwort auf alle Fragen. Nichts macht Eltern so misstrauisch. Oder überhaupt jeden.

Ich schiebe nach: »Also – es geht um eine Art Wette.«

Die Augenbrauen entspannen sich.

»Jede Firma ist ins Handelsregister eingetragen«, sagt sie. »Frag mich nicht, was genau das ist. Aber bestimmt kannst du das googeln. Du googelst doch immer alles. Wenn die Firma, die du suchst, eine Nummer im Handelsregister hat, dann existiert sie wohl auch, würde ich sagen.«

»Klingt gut«, sage ich. »Danke für die Info. Das hätte sicher nicht mal Yu-Mi gewusst.«

Da lächelt sie. War wohl ein echtes Kompliment für sie.

13

Es sieht tatsächlich aus wie ein uraltes Klostergebäude, von Efeu überwuchert, die Maueröffnungen mit den Rundbögen sind halb zugewachsen und der Innenhof völlig verwildert. In den Nischen, im trüben Novemberzwielicht kaum zu erkennen, hocken Eulen, in tiefem Schlaf versunken. Es könnte gruselig sein, wenn dieser Ort echt wäre. Er liegt aber nicht fernab in irgendeinem verwunschenen Wald, sondern mitten in der Großstadt. Im Kölner Zoo.

Ich verlasse das Gebäude wieder und sehe mich zum hundertsten Mal um. Hinter den Mauern des Zoos ragen Wohnhäuser und Bürotürme auf, das Rauschen von Straßenverkehr liegt in der Luft. Aber nur wenige Besucher verlieren sich auf den verzweigten Wegen zwischen Elefantenpark und Pavianfelsen, Löwengehege und Hippodrom. Ein kleiner Junge mit grüner Ninja-Mütze steht quengelnd vor der geschlossenen Eisbude, bevor seine entnervte Mutter ihn weiter in Richtung der Pinguine zieht. Bleib cool, Kleiner, denke ich, immerhin spielt sie sich nicht als deine Freundin auf.

Irgendjemand hier muss Daemon sein. Der Alte auf der Bank dort drüben oder vielleicht die Frau mit dem großen Fotoapparat? Sie fotografiert das künstlich verwitterte Schild mit der Aufschrift *Eulenkloster* und betritt dann das Gebäude. Könnte sie es sein? Um halb fünf sind wir verabredet. Das ist in zwei Minuten. Um fünf schließt der Zoo. Er sollte also pünktlich sein. Oder sie.

Ich folge ihr und betrete wieder das Innere des Gebäudes. Sie fotografiert irgendwelche Schautafeln.

Gute Tarnung eigentlich. Soll ich sie ansprechen? Bin ich enttäuscht, wenn sie wirklich Daemon ist? Enttäuscht, weil es kein gut aussehender junger Mann ist? Aber warum sollte er sich mir gegenüber als Mann ausgegeben haben, wenn er in Wahrheit eine Frau ist? Sie beachtet mich gar nicht.

Ich gehe wieder hinaus. Etwas an der Situation missfällt mir. Zum zweiten Mal innerhalb weniger Tage erscheine ich zu einer bestimmten Uhrzeit an einem Treffpunkt und habe mir beides nicht ausgesucht. Und warte auf jemanden, von dem ich nicht weiß, wer er ist oder ob er wirklich existiert.

Woran wir uns erkennen werden, habe ich ihn gefragt. Wir würden uns schon erkennen, hat er geantwortet.

Die Fotografin verlässt das Gebäude und schlendert in Richtung Giraffen davon.

Ein Caddy kommt herangerauscht, so ein kleines Fahrzeug, mit dem die Tierpfleger das Futter und andere Sachen durch die Gegend fahren. Ein Typ springt heraus, vielleicht dreißig, er trägt einen dichten blonden Hipster-Vollbart und Arbeitskleidung mit dem Logo des Zoos. Es würde zu meiner Vorstellung von Daemon passen, dass er sich hier locker einschleicht und als Mitarbeiter verkleidet durch den Zoo jettet. Oder Daemon arbeitet im echten Leben tatsächlich als Tierpfleger?

Ich zwinkere ihm zu und er zwinkert zurück. Dann holt er einen Werkzeugkoffer aus dem Caddy und verschwindet hinter dem Eulenkloster. Ich sehe mich verstohlen um, dann folge ich ihm.

Er hat gerade seinen Koffer geöffnet, bemerkt mich und blickt erstaunt auf.

»Ähm – bist du ...« Mist, ich habe mir doch vorgenommen, seinen Namen nicht zuerst zu sagen. »Ich meine – bist du hier verabredet?«

Er schaut an mir herunter und wieder hinauf, lächelt und sagt: »Nein, bedaure.«

»Oh.« Ich merke, wie ich rot werde. »Oh, sorry, das tut mir leid. Eine Verwechslung.«

»Nicht schlimm.«

Wie peinlich! Ich schwöre, ich werde niemals Online-Dating machen oder so was, da sterbe ich lieber einsam.

Ich wende mich ab, gehe zurück zur Vorderseite des Gebäudes und wäre um ein Haar mit ihm zusammengeprallt.

»Zille?«

Er ist wie aus dem Nichts aufgetaucht und steht direkt vor mir. Große Hornbrille im blassen Gesicht, die Kapuze seines dunklen Parkas über den Kopf gezogen.

»Daemon!«, rufe ich und muss ihn unwillkürlich umarmen. Er riecht nach Zigarettenrauch und dezentem Aftershave. Ich lasse ihn wieder los und schaue ihn an.

Seine Augen sind groß und traurig, ich mag sie sofort. Er sieht gar nicht älter aus als ich, könnte genauso gut in meiner Stufe sein.

»Hallo«, sagt er.

»Hi«, sage ich.

Komisch, dass wir plötzlich unsere Stimmen hören und uns richtig analog gegenüberstehen. Ich warte darauf, dass er etwas sagt. Dass er einen Plan hat, irgendetwas vorschlägt oder mich halt einfach irgendetwas fragt. Tut er aber nicht. Schiebt bloß seine Hände in die Jackentaschen und sieht mich weiter an.

»Ja, da wären wir also«, sage ich verlegen und lächle. »Ähm ... ich hab tausend Fragen an dich, aber ich weiß gar nicht ... Was wollen wir machen? Rüber zum Hafen fahren und uns dort umsehen?«

»Hab ich schon gemacht«, sagt er.

»Oh.« Ein kleiner Stich. »Ach so, dann ...«

»Ich wollte nicht mir dir gemeinsam hingehen. Wir wissen ja nicht, ob diese Typen dort irgendwo rumhängen oder eine Kamera angebracht haben, was auch immer. Kann ja durchaus sein, dass sie mit so was rechnen.«

»Und da wolltest du nicht mit mir gesehen werden. Weil sie mich kennen. Dich aber noch nicht.«

Er nickt.

»Und jetzt?«, frage ich. »Hast du dir einen Plan überlegt, wie das am Sonntagmorgen ablaufen soll?«

»An der Stelle, die du mir beschrieben hattest, liegt ein Fenster. Teilweise mit Brettern verrammelt.«

»Ja.«

»Ich hab mir das von innen angesehen. Es ist nicht schwer, in das Gebäude hineinzukommen. Meine Freunde werden dort sein und alles filmen, was geschieht. Du und ich werden uns diesen Typen stellen und sie in eine Diskussion verwickeln. Sie müssen zugeben, dass sie für MetzCon arbeiten. Wir müssen sie dazu kriegen, dass sie es erwähnen. Das ist ganz entscheidend.« Er steht da vor mir und spult seinen Text ab, die Hände in den Jackentaschen, ganz emotionslos. »Wenn wir sie im Sack haben, konfrontieren wir sie damit. Meine Freunde geben sich zu erkennen und wir schließen, wenn es gut läuft, einen Deal mit denen. Dass wir uns einfach gegenseitig in Ruhe lassen.«

»Versteh ich nicht ganz«, sage ich. Und das bezieht sich nicht nur auf seine Worte, sondern auf seine ganze Erscheinung, diese kühle, geschäftsmäßige Art.

»Was verstehst du daran nicht?«

»Ihr wollt eine Art Waffenstillstand schließen, richtig? Ihr werdet den Film nicht veröffentlichen, der beweisen würde, dass MetzCon Kritiker erpresst oder mundtot macht. Und im Gegenzug hören sie auf, dich und deine Freunde zu jagen. So in etwa?«

»Genau.«

»Aber warum? Du musst das gar nicht tun. Die Einzige, die etwas von der Sache hätte, wäre ich. Weil sie mich dann nicht mehr anzeigen können. Aber euer TRUE-Projekt müsste ab dann einen Bogen um MetzCon machen. Ich meine – du könntest das doch alles ignorieren, einfach weitermachen wie bisher und mich halt – nun ja – opfern.«

Verrückt, wie das klingt.

»Komm«, sagt er, »lass uns ein bisschen gehen.«

Er wendet sich ab und ich folge ihm. Erst jetzt fällt mir auf, dass er einen kleinen Rucksack trägt. Wir schlendern an den Bisons vorbei, die träge und wiederkäuend daliegen.

»Wir kennen uns natürlich nicht«, sagt er. »Nicht im Real Life. Aber wir haben uns viel geschrieben und du bist mir irgendwie ein bisschen ans Herz gewachsen.«

Er sagt das, ohne mich anzusehen. Trotzdem berührt es mich. Am liebsten würde ich nach seiner Hand greifen.

»Du bist eigentlich kein Scriptkiddie«, sagt er. »Du tust zwar so, als wäre dir das alles egal. Alles nur ein kleiner Spaß, schneller Kick, ein bisschen Fame, kein Bock auf ernsthafte Auseinandersetzungen. Aber was du alles so geschrieben hast – ich glaube, du bist kein Mensch, der sich nur für Oberflächliches interessiert. Vielleicht könntest du doch mal eine gute Haeckse werden.«

»Hexe? Hä?«

»So nennen sich die Frauen bei uns. Weibliche Hacker. Haecksen eben. Ich kann es mir bei dir vorstellen.«

Jetzt bleibt er stehen und sieht mich doch an. »Jedenfalls sagt mir mein Gefühl, dass du mehr draufhast, als einfach nur *go* in die Kommandozeile zu tippen.« Plötzlich lacht er. »Und weißt du was? Scheiß auf MetzCon. Es gibt genug Arschgeigen, mit denen wir uns anlegen können. Als Nächstes wären diese Konzerne dran, die das Trinkwasser privatisieren wollen. Sie bauen Fabriken mitten in Afrika, mit hohen Zäunen drum herum und bewaffneten Wächtern. Dann pumpen sie das Grundwasser ab, füllen es in Plastikflaschen und verkaufen es an die Leute, die gerade am Verdursten sind. Bei denen werden wir mal anklopfen.«

»Das klingt gut«, sage ich. »Aber ich habe noch mehr Fragen. Woher kennst du Smith und Jones? Woher weißt du, dass sie für MetzCon arbeiten?«

»Wir haben im Intranet von MetzCon eine Liste dieser Namen gefunden. Jones, Smith, Dow, Müller, Meier, Schmitz, Mustermann. Alle heißen Fritz mit Vornamen. Und dazu jeweils Zahlen. Vermutlich eine Art Personalnummer, die sie intern benutzen, für ihre Buchhaltung oder weiß der Geier. Ich dachte schon die ganze Zeit, dass sich hinter diesen Decknamen Leute verbergen, die für MetzCon diverse Drecksarbeit machen.« Er bleibt stehen. »Ehrlich gesagt – ich wollte längst mal einem von denen begegnen. Das hat mich gereizt. Insofern bin ich dir sogar ein bisschen dankbar.«

»Was reizt dich daran?«

Er grinst schief.

»Online, im Darknet oder sonst wo ist es keine große Sache, sich mit echten Bösewichten anzulegen. Wenn du es geschickt anstellst, wird dich keiner finden. Dir kann nichts passieren.«

»Aber ich habe es eben nicht geschickt angestellt«, brumme ich.

»Genau. Und deshalb ist das jetzt eine neue Herausforderung. Sieh es wie einen neuen Hack, okay? Hier hacken wir nicht irgendwelche Server oder Systeme – wir hacken zwei Typen. Menschen zu hacken ist eigentlich noch viel spannender als Computer.«

Er zieht die Hände aus den Taschen und reibt sie aneinander, als freue er sich schon. Dann nimmt er seinen Rucksack von den Schultern.

»Wir müssen so sein wie die da«, sagt er und nickt zu den Giraffen hinüber, vor deren Gehege wir jetzt stehen.

Majestätisch stolzieren die baumlangen Tiere auf und ab, rupfen Heu aus einem in der Höhe aufgehängten Metallkorb. Das elegante Spiel ihrer Muskeln unter dem fantasievoll gefleckten Fell fand ich schon als Kind beeindruckend.

»Wusstest du, dass man im alten Ägypten glaubte, die Giraffen könnten einen vor Unheil warnen?«, fragt er mich. »Das kommt daher, dass sie mit ihren langen Hälsen und scharfen Augen eine drohende Gefahr schon von Weitem sehen können.«

Wusstest du – diese Formulierung kenne ich nur von Yu-Mi. Die beiden würden sich sicher gut verstehen, geht es mir durch den Kopf. Wie schade, dass sie sich niemals kennenlernen werden. Wobei – wer weiß? Wenn das alles vorbei ist, vielleicht bleiben wir in Kontakt, Daemon und ich, und ich mache sie miteinander bekannt.

Er öffnet seinen Rucksack und holt eine Handvoll Möhren heraus. Zwei hält er mir hin.

»Was soll das?«, frage ich, greife aber trotzdem zu. »Willst du die jetzt füttern?«

»Genau.« Er macht einen Schritt über den schmalen Graben hinweg und tritt an die Absperrung des Geheges heran, die aus quer gespannten Drahtseilen besteht, dann hält er eine Möhre hindurch. Die Giraffen drehen uns urplötzlich ihre Köpfe zu und sehen uns an. Von sehr weit oben, als wären sie Drohnen. Eine von ihnen stolziert aufreizend langsam auf Daemon zu, biegt ihren langen schlanken Hals herab und neigt den Kopf zu ihm.

»Das ist doch bestimmt verboten«, sage ich. Unwillkürlich habe ich geflüstert, obwohl gerade keine Menschenseele zu sehen ist, weder Besucher noch Mitarbeiter.

»Natürlich ist das verboten«, sagt er. »Aber hast du jemals eine Giraffe gestreichelt? Komm schon. Im Darknet würdest du dich auch nicht von irgendwelchen Verboten abhalten lassen.«

Die Giraffe fährt ihre riesige graublaue Zunge aus, schleckt an der Möhre und verputzt sie mit einem Happs. Daemon streichelt ihre Wange und krault sie zwischen den Hörnern. Dem Tier scheint das zu gefallen.

Ich gehe zögernd heran, sehe mich unsicher um und strecke ihr eine Möhre hin. Sie schnappt zu und ich ziehe vor Schreck die Hand weg, während sie die Möhre krachend zerkaut. Vorsichtig strecke ich die Finger aus und fahre über das kurze warme Fell.

»Wunderschön, oder?«, flüstert Daemon.

Ich nicke nur und erwidere den Blick der Giraffe, die mich aus kugelrunden Augen mit ellenlangen Wimpern anschaut.

»Komm.« Daemon schultert wieder seinen Rucksack und ich denke kurz, er will weitergehen.

Doch stattdessen steigt er ohne Weiteres zwischen den Drahtseilen hindurch ins Gehege. Ich erstarre.

»Hey, wir sind Hacker. Wir suchen nach Sicherheitslücken.« Er steht jetzt lachend auf der anderen Seite und klopft mit dem Finger auf das Drahtseil. »Das hier ist eine. Komm schon. Wir haben nicht viel Zeit, bevor uns jemand erwischt.«

»Du meinst, es ist eine Art Zero Day Exploit?«, frage ich.

Sein Lachen ist ansteckend. Dass so traurige Augen so lustig gucken können! Ich lasse alle Bedenken hinter mir und steige zu ihm ins Gehege.

OMG, wenn Yu-Mi mich jetzt so sehen könnte!

Ein Gong ertönt und eine Durchsage: »Der Zoo schließt in fünfzehn Minuten.«

Daemon holt weitere Möhren aus dem Rucksack, ich habe auch noch eine in der Hand. Eine zweite Giraffe kommt zu uns, dann noch eine dritte und zwei ganz kleine. Selbst die Kleinen sind riesig, wenn dich kein Zaun mehr von ihnen trennt. Sie umringen uns und ich komme mir richtig winzig vor. Aber ich habe keine Angst. Das sind die freundlichsten Tiere, die ich je getroffen habe. Wobei ich als Großstadtkind allerdings überhaupt nur sehr selten irgendwelche Tiere treffe …

»Wusstest du«, fragt Daemon, »dass es bei Depressionen die Heilung fördert, wenn man Giraffen streichelt? Da gab es mal eine Studie der Medizinischen Hochschule Hannover.«

»Bist du depressiv?«, frage ich zurück.

Da guckt er mich erstaunt an, als würde er sich wundern, dass ich hier stehe. Oder dass ich sprechen kann. Als hätte er gerade eigentlich nur mit sich selbst gesprochen und nicht mit mir.

»Du weißt schon viel zu viel über mich«, murmelt er.

»He! Ihr da!«

Der Tierpfleger mit dem Hipster-Bart. Er hat mit seinem Caddy vor dem Giraffengehege angehalten, steigt aus und kommt auf uns zu. Wir haben ihn gar nicht bemerkt. Daemon wirft sich seinen Rucksack über die Schulter und wir klettern zwischen den Stahlseilen hindurch, machen einen Sprung über den Graben und laufen rechts und links an dem Mann vorbei. Der versucht vergeblich, uns zu packen. Ist wohl selbst nicht sicher, was er tun soll, ob er uns nun aufhalten muss oder was.

»He, stehen bleiben!«

Wir rennen. Es tut gut. Heute ist ja eigentlich Training. Daemon ist sportlicher, als ich gedacht habe. Die wenigen Besucher des Zoos bewegen sich gemächlich auf den Ausgang zu. Wir flitzen zwischen ihnen hindurch. Hinter uns kommt der Caddy angebraust, aber der Mann muss abbremsen, wenn er nicht die anderen Leute überfahren will. Er schreit noch irgendwas, das ich nicht verstehe. Vor uns taucht der Ausgang auf. Letzten Sommer hatten wir im Schulsport Leichtathletik. Hürdenlauf. Ich habe die Dinge andauernd umgetreten. Doch heute fliege ich elegant über eines der Drehkreuze hinweg. Daemon fliegt neben mir. Wir sehen bestimmt wie Synchronschwimmer aus. In der Luft. Dann sprinten wir über den

Vorplatz, wo der Luftballonverkäufer gerade zusammenpackt, wir rennen und rennen einfach immer weiter – obwohl uns eigentlich niemand verfolgt –, laufen vor hupenden Autos über die zweispurige Straße zur Stadtbahn und bleiben endlich japsend stehen. Meine Oberschenkel tun weh, meine Lunge brennt, ich habe mich ewig nicht mehr so gut gefühlt.

Hier warten hauptsächlich Menschen mit Businessklamotten und Aktentaschen. Alle starren auf ihre Handybildschirme, niemand beachtet uns.

Schon nähert sich eine Bahn.

»Nimmst du auch die Achtzehn?«, frage ich außer Atem.

»Ich fahre gar nicht mit der Bahn«, sagt er.

»Warum stehen wir dann hier? Damit du siehst, wie ich einsteige und wegfahre? Und ich nicht sehen kann, in welche Richtung *du* danach gehst?« Bei jeder meiner Fragen wird meine Stimme leiser. »Weil ich nicht einmal dieses kleine bisschen über dich wissen soll? Geschweige denn, wo du wohnst? Oder wie du überhaupt heißt?«

Bei jeder meiner Fragen sind seine Augen trauriger geworden. Er nickt bloß. Am liebsten würde ich ihn wieder umarmen, so wie vorhin, als ich ihn zum ersten Mal sah und fast umgerempelt hätte. Aber das lasse ich bleiben und steige ein. Der soll sich bloß nicht einbilden, dass ich direkt auf ihn stehe, denke ich. Doch als die Türen schließen, greife ich schnell noch mit der Hand dazwischen und rufe ihm zu: »Wo treffen wir uns eigentlich am Sonntag?«

»Ich schreibe dir«, sagt er.

»Okay.«

Ich ziehe die Hand zurück, die Tür zwischen uns schwingt zu. Die Bahn fährt an und er schaut mir nach, Hände in den Jackentaschen. Ob das mit dem traurigen Blick eine Masche ist?

14

Hallo Leute! Schön, dass ihr wieder auf meinem Blog vorbeischaut. Hier schreibe ich über Netz-Themen (auch, aber nicht nur) aus weiblicher Sicht. Heute möchte ich euch von einer interessanten Begegnung erzählen: Gestern war ich nämlich beim Chaos Computer Club zu Besuch. Und so sieht es da aus:

Es folgt das Foto von einem ziemlich bunt eingerichteten großen Raum, könnte vielleicht einmal zu einer Fabrik gehört haben. An den Wänden hängen Plakate mit dem Gesicht von Edward Snowden oder einer verzerrten Fratze des Innenministers, der gerade das Internet anzapft. Sofas, Sessel und Tische scheinen sämtlich vom Sperrmüll zu stammen. Von der Decke baumeln Stromkabel, sie enden in Mehrfachsteckern auf den Sofatischen, mehrere Laptops sind da angestöpselt. Auf dem nächsten Bild sieht man immerhin die Autorin des Blogs, Yu-Mi, bei einem Selfie mit einer Frau um die vierzig, die verschmitzt über kleine runde Sonnenbrillengläser hinwegschaut.

Ja, ich weiß. Anstatt schon den ganzen Abend und die halbe Nacht lang auf Yu-Mis Blog herumzulungern, hätte ich vielleicht einfach mal mit ihr reden sollen. Aber irgendwie haben wir das nicht mehr hingekriegt. Der Versuch am Dienstagmittag ist für eine ganze Weile der letzte gewesen. Gestern und heute haben wir uns in der Schule bloß angeschwiegen. Und wenn sie gehofft hat, dass ich trotz allem vielleicht doch zum Training komme, dann habe ich sie endgültig enttäuscht.

> Auf dem Foto neben mir seht ihr Camilla. Camilla ist eine Hackerin, sie bezeichnet sich selbst als Haeckse. Ich habe mit ihr über Geschlechterklischees in der Hacker-Kultur gesprochen ...

Ich scrolle durch den langen Text. Keine Ahnung, wie viele Leute das lesen. Yu-Mi bloggt seit letztem Jahr und hat mal gesagt, es dauert seine Zeit, bis man auf tausend oder mehr Follower kommt. Ab dann läuft es von allein, meinte sie. Je weiter ich durch ihren Artikel über den Chaos Computer Club streife, desto mehr kriege ich das Gefühl, dass sie diesen Text ganz allein für mich geschrieben hat.

> »Wenn du auf der Welle des Erfolges reitest«, erläutert Camilla, »kommst du in Versuchung, dich selbst zu überschätzen. Manche träumen davon, mächtige Kollektive aufzubauen wie Anonymus. Oder Projekte wie WikiLeaks zu starten. Oft stehen ehrbare Motive dabei im Vordergrund, aber ich glaube, dass viele dieser Leute einfach ihren eigenen Geltungsdrang befriedigen wollen.«

Ich frage nach, ob das zum Beispiel auch für das TRUE-Projekt gilt, das zuletzt ein bisschen von sich reden gemacht hat.

Ha, ha, *ein bisschen*. Hoffentlich kennt Daemon nicht Yu-Mis Blog, der müsste sich richtig gedisst fühlen, wenn er das lesen würde.

»Ich mag nicht pauschal über Leute urteilen, von denen ich nichts wirklich weiß«, antwortet Camilla. »TRUE ist ja eine ziemlich junge, neue Gruppe, die man noch nicht einschätzen kann. Sie kommen mir fast genauso undurchsichtig vor wie ihr Lieblingsgegner, eine dubiose Waffenfirma namens MetzCon.«

Anstatt auf Yu-Mis Blog abzuhängen, könnte ich sie auch einfach anrufen und ihr erzählen, dass die Firma MetzCon ins Handelsregister eingetragen ist. Mit der Nummer HRB 23666.

Ich könnte ihr von Daemon erzählen. Dann würde es sich sicher realer anfühlen. Denn die Begegnung mit ihm heute Nachmittag war so kurz und derart skurril, dass ich mich immer wieder frage, ob ich das wirklich erlebt oder mir nur eingebildet habe. Ich würde ihm am liebsten schreiben.

Aber ich schreibe ihm nicht. Und rufe Yu-Mi nicht an. Ich bin cool. Habe alles unter Kontrolle. Erst mal erledigen wir die Geschichte mit den beiden Typen am Sonntag. Dann sehen wir weiter. Also sehen, ob wir uns noch mal *sehen.* Daemon und ich. Und dann werde ich mich wieder mit Yu-Mi vertragen. Sie schreibt auf ihrem Blog:

> Ich wollte von Camilla wissen, was aus ihrer Sicht einen guten Hacker oder eine gute Haeckse ausmacht. Ihre Antwort: »Das lässt sich nicht definieren. Und mich nervt, wenn manche sich gegenseitig als Lamer oder Scriptkiddies oder was auch immer beschimpfen. Jedenfalls würde ich sagen, es gehört Wissensdurst dazu und ein großer Spieltrieb. Oder am besten eine Kombination aus beidem: dass es dir Lust bereitet, immer neue Dinge zu lernen. Menschen, die mit ihren Skills herumposen und immer schon sämtliche Antworten auf alle Fragen kennen, machen mich hingegen leicht misstrauisch.«

Ob Yu-Mi diese Frau wirklich getroffen hat? Hat sie ihr diese Worte in den Mund gelegt? Oder hat sie sich die Tussi komplett ausgedacht – alles nur, um mir damit zu zeigen, dass ich auf dem falschen Weg bin?

Nein, Unsinn. So was würde Yu-Mi niemals tun. Irgendwie kann mein Kopf gar nicht mehr richtig zwischen Fake und Realität unterscheiden. Alles schwirrt durcheinander wie auf dem /b/-Board von 4chan. Mein ganzer Kopf ist voller Random-Bullshit.

> Die Hacker des TRUE-Projekts legen sich gern mit großen Konzernen an. Nestlé und Monsanto gehören dazu, ihr Lieblingsgegner scheint jedoch eine weithin unbekannte

Waffenfirma namens MetzCon zu sein. Über MetzCon ist so wenig bekannt, dass man fast schon Zweifel haben könnte, ob es diese Firma überhaupt gibt. Camilla meint, dass die Grenzen zwischen Fakes und Realität sowieso schon lange verschwimmen. Genauso wie die Grenzen zwischen der virtuellen und der analogen Welt. Oder die zwischen Gut und Böse. »Generell ist jede Art von Technik immer auch ein Herrschaftsinstrument«, sagt Camilla. »Man kann es benutzen, um Menschen zu manipulieren. Als Hacker haben wir deshalb immer die Aufgabe, hinter die Technik zu schauen. Möglichst viel offenzulegen und transparent zu machen. Heimlichtuerei wirkt vielleicht cooler, ist aber eigentlich das Gegenteil von dem, was Hacker und Haecksen bezwecken.«

Es reicht.

Mensch, Yu-Mi! Das hätte ja selbst Mutti nicht schlimmer sagen können.

Ich schreibe ihr. Also Yu-Mi.

Ich schreibe ihr siebzehn Nachrichten.

Keine einzige schicke ich ab, ich lösche sie alle wieder.

Ich öffne die Seite von 4chan und gehe auf das /b/-Board. Penisbilder, Brüste, Handyfotos von Opfern eines Schulmassakers in den USA. Darunter die Grafik eines Revolvers, in dessen Lauf ein Knoten ist, und dazu der Slogan: *Protect your kids, not your guns!* Auf /b/ ist alles gleichwertig, alles gleich wichtig, alles gleich egal. Random. Kann man Bullshit mit Bullshit vertreiben? Ich scrolle so lange durch das Board, bis mich die Antwort auf die Frage nicht mehr interessiert.

Was Sonntagmorgen geschehen wird, denke ich, ist auch random, irgendwie.

15

Ich zittere.

Vor Kälte.

Irgendwann während dieser Nacht sind all die Wolken, die seit Wochen über unseren Köpfen hingen, irgendwohin abgezogen und haben den ewigen Nieselregen mitgenommen. Die Luft ist eisig und glasklar, über mir funkeln die Sterne. Auch die Scheiben der Autos am Straßenrand funkeln, sie sind von bizarren Eisblumen überzogen.

Auf dem Fahrrad frieren mir die Finger ab, ich habe gar nicht an Handschuhe gedacht. Dafür trage ich meine Sporttasche auf dem Rücken. Keine Ahnung, ob ich nachher wirklich noch zum Spiel gehe. Oder ob Giusy mich überhaupt aufs Feld ließe, nachdem ich das Training am Donnerstag geschwänzt habe. Die Tasche habe ich eh vor allem deshalb mitgenommen, damit meine Mutter sich keine Sorgen macht. Die soll denken, dass ich einfach etwas früher als geplant losgefahren bin. Um halb acht trifft sich das Team zur Abfahrt vor der Sporthalle. Keine Ahnung, ob diese Sache hier bis dahin vorbei ist und ich es rechtzeitig wieder zurückschaffe, zurück auf die andere Rheinseite.

Ich hätte die Bahn nehmen können. Selbst an einem Sonntagmorgen fahren schon welche. Dann müsste ich wenigstens nicht so frieren. Aber mit dem Rad fühle ich mich unabhängiger. Flexibler.

Mein Rad sirrt durch die menschenleeren Straßen und Gassen, ich nähere mich dem Hafen.

Ich sehe seine Silhouette schon von Weitem. Wie verabredet steht er an der Einmündung zum Auenweg. Das klingt ganz schön harmlos, fast idyllisch. Auenweg.

»Hi«, sagt er.

Ich steige vom Rad und kette es an einen Laternenpfahl. Meine Hände zittern, nicht nur vor Kälte. Ich bin aufgeregt.

»Ist alles vorbereitet?«, frage ich.

Er nickt.

Dabei habe ich nicht die geringste Ahnung, was ich selbst damit meine – *vorbereitet*. Aber Daemon wirkt völlig cool. Als sei er sich seiner Sache absolut sicher. Wir setzen uns in Bewegung.

Anders als neulich Abend ist diesmal alles stockfinster. Nirgends brennt mehr Licht, niemand nimmt einen letzten Absacker in dem Club oder hockt im Büro, um noch ein paar Mails zu beantworten. Niemand ist hier außer uns beiden. Und außer ...

Ich sehe ihn von der Seite an. Im Dunkeln kann ich seine Augen nicht richtig sehen, aber sein trauriger Blick ist mir trotzdem gegenwärtig. Plötzlich überkommt mich die Fantasie, dass er vielleicht ganz alleine ist. Dass das TRUE-Projekt nur aus ihm besteht und niemandem sonst, dass da keine Freunde von ihm auf uns warten, um uns vor den MetzCon-Handlangern zu beschützen. Dass er nicht nur depressiv ist, sondern völlig verrückt; dass er sich in Wahrheit umbringen will und mich gleich mit. OMG, was würde ich dafür geben, wenn Yu-Mi jetzt hier wäre. Aber die liegt gerade in ihrem warmen Bett und dreht sich noch mal um, bevor nachher erst ihr Wecker klingelt und sie sich auf dem Weg zum Treffpunkt an der Sporthalle macht.

Wir lassen die sanierten Gebäude hinter uns und folgen der Straße weiter, die zur schmalen Gasse wird, von allen lebenden Seelen verlassen, wie Yu-Mi das beschrieben hat. Zu einer Albtraumkulisse aus Backstein und Efeu, Stahl und Rost und gähnender Finsternis hinter den toten Fensteröffnungen.

»Wie viele deiner Freunde hast du mitgebracht?«, frage ich leise. »Wie viele seid ihr eigentlich bei TRUE?«

Er zuckt mit den Schultern.

»So genau kann man das gar nicht sagen. Also wie viele Menschen zum Projekt gehören. Die meisten habe ich noch nie persönlich getroffen, ich kenne sie bloß aus dem Darknet.«

»Aber die, die uns hier gleich den Rücken freihalten sollen, die existieren schon auch real, oder?«

Ich bin stehen geblieben und sehe ihn an, versuche, in seinem Gesicht Konturen zu erkennen, die irgendeine Regung verraten.

Er deutet bloß mit dem Kopf die Gasse entlang. Ungefähr in Richtung der Stelle, wo die schmutzige Laterne ihr bröseliges gelbes Licht in die Dunkelheit hängt und wir in wenigen Augenblicken Fritz Smith und Fritz Jones treffen sollen.

»Du erinnerst dich an die halb zugenagelte Fensteröffnung«, sagt er leise. »Hinter diesen Brettern wartet Clay mit der Kamera. Clay bewegt sich lautlos wie eine Schlange. Wusstest du, dass die alten Griechen dachten, dass Schlangen in die Zukunft sehen können?«

»Nein. Interessiert mich auch gerade nicht. Die Gegenwart lastet mich völlig aus.«

»Ja. Und dort auf der anderen Seite, wo die dichten Büsche über die Mauer wuchern, da hat sich Benni versteckt. Der hat früher mal Mixed Martial Arts gemacht. Er sichert uns ab. Für alle Fälle.«

»Okay.«

Wir gehen langsam weiter. Seine Worte geben mir tatsächlich etwas Sicherheit. Dass er ihre Namen gesagt hat, lässt sie real erscheinen. Obwohl das sicherlich auch bloß Nicknames sind.

Wir nähern uns dem gelben Lichtkegel, und jetzt sehe ich auch Daemons Gesicht neben mir. Er wirkt nicht im Mindesten angespannt. Entweder haben er und seine beiden Freunde hier wirklich absolut alles unter Kontrolle. Oder es ist ihm einfach komplett egal. So etwas gibt es.

Er schaut mich an.

»Hier ungefähr, nicht wahr?«

Er ist stehen geblieben. Ich auch. Ich nicke.

»Ziemlich genau hier«, sage ich und lasse die Sporttasche von meinen Schultern gleiten.

»Wie schön.« Die Stimme! Fritz Smith! »Wir freuen uns, dass Sie es einrichten konnten.«

Wie schon beim ersten Mal ist er wieder förmlich aus dem Nichts aufgetaucht. Seine spitze Nase schiebt sich ins schmutzige Licht. »Dann müssen Sie Daemon sein.« In der Hand trägt er eine gewölbte Aktentasche. Was immer da drin sein mag.

»Es ist uns eine Ehre«, sagt eine tiefere Stimme.

Hinter uns hat sich jetzt die gedrungene Gestalt von Jones materialisiert. Unwillkürlich will ich nach Daemons Hand greifen. Doch seine Hände stecken in den Jackentaschen. Ich versuche, mich zu entspannen. Nein, Bullshit. Ich versuche, mich zu konzentrieren. Ich versuche, mich zu entkrampfen, damit mein Gehirn seinen Job machen kann.

Ich muss keine Angst haben. Wir werden gefilmt. Die Öffentlichkeit wacht über uns. Denn irgendwo da, hinter diesen Brettern, in dem unendlich finsteren Innern des Gebäudes dort, sitzt ein gewisser Clay. Clay, der sich wie eine Schlange durch die Nacht bewegt. Ich muss mich bloß zwingen, nicht hinüberzublinzeln, sonst würde ich alles verderben. Auch nicht zu den Büschen drüben an der Mauer, wo MMA-Kämpfer Benni uns den Rücken freihält.

Wir müssen sie in eine Diskussion verwickeln, wiederhole ich im Kopf Daemons Ansage. *Sie müssen zugeben, dass sie für MetzCon arbeiten*, hat er gesagt. *Das ist ganz entscheidend.*

Da hier offenbar niemand etwas sagen möchte, alle sich

nur aus leicht zusammengekniffenen Augen mustern, mache ich den Anfang. Hole Luft, stemme die Hände in die Hüften und sage: nichts. Denn meine Kehle ist völlig ausgetrocknet, ich hatte es bloß nicht bemerkt. Daemon und die beiden Kerle sehen mich fragend an.

Ich räuspere mich. Dann sage ich: »Wie Sie sehen, Mr Smith und Mr Jones, habe ich geliefert. Jetzt erwarte ich, dass Sie Ihren Teil der Abmachung erfüllen.«

Den Satz hatte ich mir schon gestern zurechtgelegt. Den nächsten auch. Gott sei Dank sind sie mir rechtzeitig doch wieder eingefallen.

»Das haben wir«, erwidert Smith. »Schließlich waren wir nicht bei der Polizei.«

»Ich möchte eine offizielle Bestätigung«, sage ich cool. Jedenfalls soll es sich cool anhören. Mir würde es reichen, wenn zumindest Daemon mich in diesem Augenblick cool findet. Ich sage: »Sie sollen mir im Namen von MetzCon bestätigen, dass ich aus dieser Nummer offiziell raus bin.«

Da lacht Fritz Jones ein dunkles Lachen. Es klingt derart überlegen, dass alle Coolness in mir zerbröselt.

»Im Namen der Firma MetzCon«, wiederholt er. »Am besten laut und deutlich, nicht wahr, sodass man es gut mit einem Mikrofon aufnehmen könnte? Ein Mikrofon wie das von dieser Kamera dort?«

Er nickt zu Smith hinüber und der holt ein Ding aus seiner Tasche. Eine Kamera. Ich habe die Kamera noch nie gesehen. Aber dass es exakt jene Kamera ist, mit der uns Daemons Freund Clay eigentlich in diesem Augenblick filmen sollte, schnalle ich sofort. Ich erkenne es an seinem bestürzten Gesicht.

»Überrascht?«, fragt Smith. »Wir sind Profis. Und wir hatten von Ihrer Seite auch etwas mehr Professionalität erwartet. Fast schade, dass Sie es uns so einfach gemacht haben.«

»Wo ist er?«, zischt Daemon. »Was haben Sie mit ihm gemacht?«

»Oh, keine Bange«, sagt Smith. »Er schläft bloß. In unserem Van, ein paar Straßen von hier.«

»Zusammen mit Ihrem anderen Freund«, ergänzt Jones. »Benni, richtig? Wenn wir hier fertig sind, werden die beiden eine kleine Spritztour mit uns unternehmen, bevor wir ihnen an einem Autobahnrastplatz einen Kaffee spendieren und sie gehen lassen.« Er breitet die Arme aus und wirkt fast freundlich dabei. »Niemandem wird hier irgendetwas geschehen, wenn wir alle vernünftig bleiben. Und Ihnen schon gar nicht, junge Dame.« Er schaut mich an. »Sie dürfen sich nun zurückziehen.« Er streckt mir eine fleischige Hand hin und öffnet sie. »Ich möchte Sie bloß um Ihr Handy bitten. Damit wir hier nicht unnötig Besuch bekommen und bei unserer wichtigen Besprechung mit Daemon durch irgendwen gestört werden.«

»Auf gar keinen Fall!«, entfährt es mir.

Habe ich das wirklich gesagt? Ich bin mutiger, als ich denke. Oder verrückter.

Smith hat die Kamera wieder in der Tasche verschwinden lassen und stattdessen etwas anderes hervorgeholt. Eine Pistole. Mit einem Schalldämpfer.

Sie ist echt.

Keine Ahnung, warum ich weiß, dass sie echt ist. Ich habe nie zuvor eine Pistole gesehen, sie kommt mir halt echt vor. Die Art, wie er sie hält – sie scheint schwer zu sein. Und wie er sie auf mich richtet.

Mit öliger Freundlichkeit wiederholt Jones: »Ihr Handy. Bitte.«

»Gib es ihm schon«, sagt Daemon. »Die machen keine Witze.«

Ich will was sagen, aber diesmal kriege ich wirklich nichts raus, da hilft auch kein Räuspern. Meine Kehle ist voller Zement, mein Blick bohrt sich in die Mündung der Waffe.

Daemon fasst mein Gesicht mit beiden Händen und beschwört mich: »Gib ihnen dein Handy und dann lauf so weit fort, wie du kannst. Lauf nach Hause und vergiss alles. Dass wir uns jemals getroffen haben. Vergiss das TRUE-Projekt. Vergiss mich.«

Und zu den beiden Männern sagt er: »Ihr lasst sie gehen, ja? Sie hat nicht das Geringste mit dieser Sache hier zu tun. Ihr lasst sie gehen und dann klären wir das unter uns.«

»Genau, was ich gesagt habe«, nickt Jones.

Mechanisch, fast wie von allein zieht meine Hand mein Handy aus der Hosentasche und legt es in Jones' fleischige Hand.

Er deutet eine Verbeugung an, steckt es ein und tritt zur Seite, um mir den Weg freizugeben.

Ich bücke mich zu meiner Sporttasche und hänge sie

mir wie in Zeitlupe über die Schulter. Meine Füße setzen sich in Bewegung. Einen Schritt nach dem anderen. Langsam trete ich aus dem schmutzig gelben Licht heraus, gehe in die Dunkelheit hinein, zurück durch die Gasse, die irgendwo hinten endet, wo mein Fahrrad auf mich wartet. Ich gehe, ohne mich noch einmal umzudrehen.

Keine Tränen laufen über meine Wangen.

Ich heule nicht.

Ich zittere auch nicht.

Ich habe keine Angst, komisch.

Ich bin sauer.

Stinksauer.

Eine ganz alte Wut.

Kindergartenwut.

Die Jungs haben mich weggeschickt. Lassen mich nicht mitmachen, weil ich ein Mädchen bin.

Ich bleibe stehen.

Gleich neben mir ist eine schmale Öffnung in der Wand. Keine richtige Tür, eher ein Spalt, aber man kann hindurch in das Gebäude schlüpfen. Das muss die Stelle sein, durch die auch dieser Clay hineingelangt ist. Oder hineingelangen *wollte*, bevor die MetzCon-Kerle ihn geschnappt haben.

Ich blicke mich doch noch einmal um. Smith und Jones sind näher an Daemon herangerückt. Die drei Männer stehen dicht beisammen, niemand achtet noch auf mich. Wozu auch?

Ich mache einen Schritt zur Seite und noch einen, schiebe erst meine Tasche und dann mich durch den

Spalt und lasse mich von der Dunkelheit des Gebäudes aufsaugen. Muffig riecht es hier, der Boden ist uneben. Liegt vermutlich voller Trümmer und Gerümpel. Ich taste mich an der Wand entlang. Keine Ahnung, was mein Plan ist. Ich will das Fenster finden, wo die Kamera hätte sein sollen. Ich will, ich *muss* mitkriegen, was sie mit Daemon tun. Vielleicht erfahre ich, wohin sie ihn bringen. Oder – im schlimmsten Fall – kann ich dann immerhin später als Zeugin aussagen. Was immer auch der schlimmste Fall wäre ... Das bin ich ihm doch schuldig.

Ein Scheppern. Schritte. Ein greller Lichtstrahl sticht mir in die Augen. Scheiße, hier sind noch mehr von denen!

Eine Stimme ruft unterdrückt: »Nicht erschrecken.«

Das kann nicht sein.

Oder doch?

»Gott ... Yu-Mi!« Ich halte mir eine Hand vor die Augen und tappe auf das Licht zu. »Bist du das wirklich? Oder Einbildung?«

»Ich wünschte, Letzteres«, sagt sie trocken. Sie ist es, unverkennbar. »Denn lieber wäre ich zu Hause im Bett als hier in dieser Fabrikruine.«

Sie lässt die Hand sinken und der Lichtstrahl ihres Handys fällt auf den Boden.

Ich stolpere zu ihr und drücke sie fest an mich.

»Du bist ja völlig verrückt«, flüstere ich.

»Ich weiß«, flüstert sie. »Aber ich hab mir Sorgen gemacht. Dass das Team nachher ohne unseren besten Power Forward spielen muss. Oder ich ohne meine beste Freundin.«

»Du bist so krass.«

»Ja.«

»Aber hast du – ich meine …«

»Ja, alles aufgezeichnet.« Sie hält ihr Handy wieder hoch und macht das Licht aus. »Ich wollte sofort die Polizei rufen, als der Typ seine Pistole rausholte. Aber ich hab kein Netz. Komm mit.«

Im schwachen Licht des Handydisplays navigiert sie uns durch den nächsten Raum und noch einen. Ich stolpere über etwas Weiches. Im ersten Moment denke ich, da liegt ein kleiner menschlicher Körper und ich bin gegen den Kopf getreten. Es ist aber nur Yu-Mis Sporttasche, in der ein Basketball liegt. Schließlich stehen wir vor einem halb mit Brettern vernagelten Fenster ohne Glas. Es ist *das* Fenster. Yu-Mi legt den Finger auf die Lippen. Lautlos setze ich meine Sporttasche neben ihrer ab. Dann drücken wir unsere Köpfe leicht gegen die Bretter, spähen durch die Ritzen hindurch und sind ganz nah an Daemon und den beiden Kerlen. Yu-Mi hält das Handy knapp über die Absperrung und aktiviert wieder die Filmaufnahme.

Ich sehe, wie Daemon mit verschränkten Händen dasteht. Der Schreck von vorhin ist aus seinem Gesicht gewichen. Er schaut die Männer angriffslustig an. Was ich nicht sehe, ist die Pistole. Smith scheint sie wieder verstaut zu haben.

»Nur damit ich das hier richtig verstehe«, sagt Daemon gerade. »Ihr wollt ernsthaft, dass ich für MetzCon arbeite?«

»Es geht nicht nur um die IT-Sicherheit von MetzCon

selbst«, antwortet Jones mit ruhiger Stimme. »Auch um das, was MetzCon seinen Kunden als Dienstleistung anbietet.«

»Die Schlachten der Zukunft werden im Internet geschlagen«, fährt Smith fort. »Die Kriege der Zukunft werden Cyber-Kriege sein. Und wir reden nicht über Science Fiction, sondern über die kommenden zehn, zwanzig Jahre. Schon jetzt werden die Infrastrukturen ganzer Länder angegriffen. Russische und chinesische Hacker könnten theoretisch schon heute ein kleines Land komplett lahmlegen. Polizei, Krankenhäuser, Eisenbahnverkehr, alles bricht zusammen, wenn man die richtigen Punkte im System angreift. Das brauchen wir Ihnen ja nicht zu erklären.«

»Einige Kunden von MetzCon möchten sich dafür wappnen, dass sie im Notfall einen Gegenschlag ausführen können«, sagt Jones. »Alles natürlich rein defensiv. Es geht nur um Verteidigung.«

»Klar«, erwidert Daemon tonlos. »The only way to stop a bad guy with a gun is a good guy with a gun.«

»Sie denken prima mit«, lobt Jones mit seiner öligen Stimme. »Genau darum geht es. Wir brauchen gute Hacker, um die bösen Hacker zu stoppen. Genau genommen, brauchen wir die besten.«

»Um sie dann an Ihre Kunden zu verkaufen«, zischt Daemon.

»Na, sagen wir: zu vermieten.« Smiths hageres Gesicht verzieht sich zu einem Grinsen. »Stundenweise. Und das ist unser Angebot für Sie: Neunzigtausend Euro im ersten Jahr. Wenn es gut läuft, geht MetzCon ab dem zweiten Jahr auf hundertfünfzigtausend. Grundvergütung, versteht sich. Es kommen noch Erfolgsprämien dazu.«

Daemon sieht Smith an, dann Jones, dann wieder Smith.

»Ihr wollt mich komplett verarschen.«

»Nein, unser Business ist eher ernst«, sagt Jones ungerührt. »Einen Firmenwagen gibt es natürlich auch. Viele schwören auf den Porsche Cayenne. Aber die Geschmäcker sind verschieden. Welche Art Autos mögen Sie denn, Daemon?«

Ich sehe, wie sich sein Gesicht in dem schmutzigen Licht verändert. Hinter seiner Stirn arbeitet es. Hinter meiner auch. Er wird sich kaufen lassen, das spüre ich. Er sagt es noch nicht, aber innerlich ist er längst entschieden. Der arme traurige Hackerjunge, der depressive Nerd, der aus dem Darknet heraus die Welt verbessern wollte – er ist bereit, sich kaufen zu lassen. Für hundertfünfzigtausend Euro und einen scheißbekackten SUV.

»Aber Sie lassen Clay und Benni laufen?«, fragt er schließlich.

»Natürlich«, nickt Smith. »Wie gesagt. Und mit Ihrem Engagement würden wir außerdem sehr diskret umgehen. Ihre Freunde kriegen das gar nicht mit. Denen gegenüber können Sie ruhig so tun, als wären sie weiterhin bei TRUE.«

»Puh, okay.« Daemon blickt zu Boden, fährt sich mit der Hand unter die Kapuze und kratzt sich am Kopf. Dann blickt er wieder auf und sagt: »Einverstanden.«

»Du elender Verräter!«, brüllt jemand. Das bin ja ich! »Du armseliges Würstchen!«

Schon bin ich auf die Fensterbank geklettert, und noch bevor Yu-Mi mich zurückhalten kann, kämpfe ich mich durch die freie Stelle der fehlenden Bretter hindurch und springe auf die Gasse. »Ich hab dir vertraut, du Arschloch!«

Daemon sieht mich aus großen Augen an.

Dann hebt er die Hand.

Dreht sich um.

Zu Jones.

Der hebt auch die Hand.

Sie klatschen sich ab.

Ich schnalle gar nichts mehr.

16

»Yo, Alter.« Jones grinst Daemon an. »Du hast es gewusst.«

Er zieht mein Handy aus seiner Manteltasche und hält es mir hin.

»Glückwunsch.«

»Zu was?«, frage ich versteinert und verschränke die Arme vor der Brust.

»Du hast den Test bestanden«, sagt Daemon feierlich und grinst mich breit an. »Du bist Mitglied im TRUE-Projekt. Falls du das möchtest.«

»Ich bin übrigens Benni«, sagt Jones und streckt mir immer noch mein Handy hin. »Hier, nimm schon.«

»Und ich bin Clay«, sagt Smith.

Ganz langsam nehme ich das Handy aus der Hand von Jones, der jetzt nicht mehr der skrupellose Handlanger der Firma MetzCon ist, sondern Benni vom TRUE-Projekt. Benni, der MMA kann und uns *den Rücken freihalten* sollte und der eigentlich betäubt oder gefesselt oder weiß der Geier wie irgendwo in der Nähe in einem Van festsitzen sollte. Genau wie Smith, der eigentlich Clay heißt und das alles hier hätte filmen sollen.

»Und wer zur Hölle bist du?«, frage ich Daemon.

»Daemon«, sagt Daemon. »Wir drei sind die Jungs von TRUE. Unser Team braucht Verstärkung. Darum haben wir dieses kleine Casting hier veranstaltet.«

»Casting ...« Ich klappe den Mund auf. Vor Verwunderung. Vor Empörung. »Ihr habt mir die Mail mit dem Bild der Zikadenwespe geschickt? Ihr seid Fritz Nietzsche? Ihr habt diese ganze Scheiße hier wie ein bekacktes Schultheaterstück geplant und durchgezogen? Dass ich erst denke, ihr wollt Daemon entführen oder töten oder was? Und dass ich dann denke, dass ihr ihn anheuert?«

Die drei nicken bei jeder meiner Fragen. Ihr Grinsen wird immer breiter. Sie sind sichtbar stolz auf ihre Performance.

»Ihr habt mich hier antanzen lassen wie eine Marionette!«, bricht es aus mir heraus. »Ich ... ich hatte richtig Angst, versteht ihr das? Angst vor euch beiden, ihr Wichser! Angst um dich, du Arschloch!«

Ich stoße Daemon mit der Hand gegen die Brust. Würde ihm am liebsten ins Gesicht schlagen, damit das dämliche Grinsen weggeht und vielleicht der traurige Blick zurückkommt.

»Casting! Was für ein Bullshit.«

Ich will gehen. Ich stecke mein Handy ein. Da kommt mir eine Frage in den Sinn.

»Wie viele?«

»Was?«, fragt Daemon.

»Ich will wissen, wie viele Leute ihr – wie nennst du es – *gecastet* habt.«

»Ach so.« Er zählt es an den Fingern ab. »Acht Personen haben wir ausgesucht und ihnen das Rätsel geschickt. Sieben Jungs und ein Mädchen. Vier von euch haben das Rätsel gelöst. Drei kamen zum jeweiligen Treffpunkt mit Smith und Jones. Das war natürlich in verschiedenen Städten. Zwei kamen auch zum zweiten Treffen, bei dem ich den MetzCon-Leuten in die Hände fallen sollte. Beide liefen fort, nachdem Jones ihnen das Handy weggenommen und Smith die Pistole gezogen hatte. Nur eine Einzige ist wieder zurückgekommen und hat mich einen Verräter genannt. Weil sie es nicht ertragen konnte, dass ein Hacker seine Skills für Geld an skrupellose Wichser verkaufen würde.«

»Ich.«

»Du. Richtig. Dadurch hast du dich qualifiziert.«

»Und was erwartet ihr jetzt von mir? Dass ich vor lauter Dankbarkeit auf die Knie falle?«

»Wir erwarten«, sagte Daemon, »dass du dich entscheidest. Natürlich zwingt dich niemand, bei TRUE mitzumachen.«

»Und wenn ich es tue«, entgegne ich, »wer garantiert mir, dass ihr ab jetzt die Wahrheit sagt? Vielleicht bist du ja gar nicht Daemon. Oder Daemon ist wiederum nur eine Erfindung von MetzCon. Aber das sagt ihr mir erst morgen. Und dann bietet ihr mir einen Porsche Cayenne an? Hä?«

»Nein«, sagt jetzt Benni alias Jones. »MetzCon ist Daemons Erfindung. Unser Trainingsplatz. Alles, was du im Netz über diese Firma findest, haben wir uns ausgedacht.

Die Website, diverse Presseartikel ... stammt alles von uns.«

»Das ...« Ich durchblicke gar nichts mehr. »Ich habe aber gesehen, dass die Firma im Handelsregister steht.«

»Ja, tut sie«, sagt Clay alias Smith. Er tippt sich mit dem Finger gegen seine lange spitze Nase. »Witzig mysteriöse Registernummer, nicht wahr? Dreiundzwanzig und dreimal die sechs.«

»Ihr habt dieses Register gehackt.«

»Auch das«, nickt Daemon. Seine Selbstgefälligkeit trieft ihm aus allen Poren. »Wusstest du eigentlich ...?«

Yu-Mi! Ich hatte sie ganz vergessen, aber bei diesen Worten muss ich unweigerlich an sie denken. Steckt sie noch drüben im Innern des Gebäudes? Hört sie uns die ganze Zeit zu? Filmt sie das Gespräch?

Ein Motor heult auf. WTF! Grelles Scheinwerferlicht füllt die enge Gasse. Es nähert sich schnell und blendet uns. Keine Ahnung, was für ein Wagen das ist. Erst als er kurz vor uns abbremst und zum Stehen kommt, erkenne ich die klobige schwarze Form. Ein SUV. Etwa ein Porsche Cayenne? Gehört das auch zur Inszenierung? Es ist nicht zu erkennen, wer drinnen sitzt oder wie viele überhaupt. Von den Scheinwerfern steigen kleine Wölkchen in die eisige Luft.

Die Fahrertür des Wagens öffnet sich. Eine Frau steigt aus. Hut, dunkler Mantel, sie könnte gut zu Jones und Smith passen. Tut sie aber nicht. Denn Benni glotzt sie fassungslos an, auch Daemon ist total konsterniert. Clay fummelt mit einer Hand in der Manteltasche herum. Will er wieder die Pistole ziehen? Die sah vorhin so echt aus. Aber ist sie doch nicht. Sie muss ein Fake sein wie Jones und Smith und MetzCon.

»Guten Morgen, Herrschaften«, sagt die Frau. »Mein Name ist Friderike Nietzsche. Ich vertrete die Firma MetzCon.«

17

»Das kann nicht sein«, sagt Daemon in die eisige Stille hinein. »MetzCon ist eine Erfindung. Von mir.«

»Eine sehr gute Erfindung«, nickt die Frau. Im Gegenlicht der Scheinwerfer sehen wir sie nur als Schattenriss. »Und eine sehr praktische noch dazu. Die Firma, in deren Auftrag ich unterwegs bin, wird niemand verdächtigen. Denn alle Spuren führen ausschließlich zu MetzCon.«

»Spuren von *was*?«, frage ich. »Wegen *was* sollte man Sie verdächtigen?«

»Das erkläre ich Ihnen unterwegs«, sagt die Frau. »Steigen Sie bitte ein.«

Ich drehe mich zu Daemon um und schimpfe: »Jetzt reicht es! Das ist eine Drehung zu viel. Du bist ja völlig krank im Hirn.«

Aber Daemon achtet nicht auf mich. Er schaut zu Clay alias Smith, der wieder seine Pistole – real oder fake? – gezogen hat und sie direkt auf Daemon richtet.

»Besser, ihr tut, was sie sagt«, zischt er.

»Spinnst du, Clay?«, ruft Benni. »Was soll das? Gehörst du etwa zu ihr?«

»Tja, Daemon«, meint Clay. »Du selbst hast doch gesagt, es ist spannender, Menschen zu hacken als Computer. Frau Nietzsche hier hat dein Hirngespinst MetzCon zum Leben erweckt. Wachgeküsst sozusagen. Und MetzCon zahlt tatsächlich gut. Genauso, wie du es dir ausgedacht hast.«

»Stopp, stopp, stopp!« Ich hebe die Arme, trete zwischen die beiden und sage: »Ich blicke nicht mehr durch, wen ihr mit dieser Nummer hier eigentlich beeindrucken oder verarschen wollt. Aber mir reicht es. Ich gehe jetzt. Ich habe noch ein wichtiges Basketballspiel vor mir und keine Zeit für diesen Kindergarten.«

»Tut mir leid«, sagt die Frau hinter mir. »Unser Freund Daemon hat Sie mit reingezogen. Ich kann Sie jetzt nicht gehen lassen.«

»Ja, ja, bla, bla«, mache ich.

Clay richtet den Lauf der Pistole auf mich.

»Spiel woanders, Junge«, sage ich und will an ihm vorbeigehen.

Da richtet er die Waffe mit einer kaum merklichen Drehung im Handgelenk auf einen imaginären Punkt neben mir. Der Schalldämpfer unterdrückt den Knall, dafür höre ich umso lauter, wie die Kugel in die Backsteinmauer einschlägt. Und ich springe unwillkürlich zur Seite, weil mich was getroffen hat. Kleine Steinchen aus der Mauer.

Ich sehe wieder Daemon an und warte, dass die Typen sich ein zweites Mal abklatschen. Reingelegt! It's a prank! Irgendwas in der Art.

Doch das geschieht nicht. Daemon ist vollkommen ratlos.

Benni presst hervor: »Clay, du räudige Ratte. Niemand wär uns je auf die Schliche gekommen. Niemand konnte je unsere Hacks zurückverfolgen. Aber du lässt dich einfach kaufen.«

»Ach, weißt du«, erwidert Clay gleichmütig, »ich fand die Idee einfach zu verlockend. Dieses Theaterstück hier, dass MetzCon versucht, an TRUE heranzukommen und jemanden von uns zu kaufen. Viel zu schön, um einfach nur ein Theaterstück zu sein. Versteht ihr? Und ich dachte – warum soll nicht ich derjenige sein, der gekauft wird? Und jetzt, bitte einsteigen.«

Mit seiner Waffe dirigiert er uns Richtung Auto. Ob Yu-Mi das Kennzeichen erkennen kann? Ob sie bereits unterwegs ist, um Hilfe zu holen?

»Nein!« Das ist Benni. »So einfach kriegst du uns nicht, Clay!«

Er stellt sich seinem ehemaligen Kumpel entgegen, baut seine massige Gestalt vor ihm auf.

»Du schießt nicht!«, sagt er.

Clay hebt die Waffe.

Dann fliegt sein Kopf weg.

Also das heißt: Der Kopf fliegt nicht wirklich weg, aber er knickt ruckartig zur Seite, getroffen von einem großen, runden roten Geschoss. Einem Basketball. Geworfen vom besten weiblichen Point Guard diesseits des Atlantiks. Yu-Mi reckt sich am Fenster hoch über die Bretter und gestikuliert heftig.

»Kommt her!«, ruft sie.

Clay ist gegen die Mauer getaumelt, hat die Waffe verloren, Benni zieht sein rechtes Bein an und springt ihm ihn den Magen. Ich fange instinktiv den Ball auf, der von der Mauer zurückprallt, drehe mich im Sternschritt blitzschnell herum und passe ihn auf die unbekannte Frau im dunklen Mantel. Die ist so verdutzt, dass sie ihn tatsächlich auffängt, zurücktaumelt und rücklings hinfällt. Ich mache zwei, drei Sätze über die Gasse zu dem vernagelten Fenster, springe hoch, fasse die Bretter und ziehe mich daran empor, wälze mich darüber und plumpse auf der anderen Seite ins Dunkel, in Yu-Mis Arme. Daemon kommt hinter mir her.

»Ich schwöre, ich hab damit nichts zu tun«, keucht er und klettert ebenfalls ins Innere.

Ich sehe, wie Benni die Waffe von Clay aufhebt, weit ausholt und sie fortschleudert. Dann kommt er auf unser Fenster zu, will sich ebenfalls hochziehen, reißt dabei aber einen Teil der Bretter ab, die splitternd und krachend auseinanderbrechen.

»Ich glaub dir kein Wort«, sagt Yu-Mi zu Daemon.

»Wer bist du überhaupt?«, fragt Daemon.

Benni zwängt sich herein und ruft: »Lasst uns abhauen, reden können wir später. Wer weiß, wie viele von denen da noch sind.«

Yu-Mi und ich schnappen uns unsere Sporttaschen. Yu-Mi läuft voran und leuchtet mit dem Handy. Wir verlassen diesen Raum und folgen einem Flur. Nicht in die Richtung, aus der wir gekommen sind, denn dort könnten Clay und seine Auftraggeberin uns erwarten. Daemon, der direkt neben Yu-Mi ist, zieht eine Stahltür auf. Wir betreten eine gigantische Halle. Kabel und Efeuranken hängen von oben herab, die Decke sieht man nicht. Zu hoch, zu weit und zu finster ist die Halle. Wir stoßen gegen mächtige alte Werktische, laufen daran vorbei, klettern über ein rissiges Förderband, das steinalt aussieht und zugleich so intakt, als wäre es nur kurz angehalten worden und würde im nächsten Moment losrattern, um uns in irgendeinen Höllenschlund zu transportieren. Ketten und Zahnräder und Rohre und Leitern und Moose und Grasbüschel und eine Pfütze, in die ich mittenrein trete, egal, weiter.

Keine Ahnung, ob die uns verfolgen. Ob das Rascheln und Scheppern nur von unseren Schritten kommt. Ob irgendwo Clay / Smith versucht, uns in der Dunkelheit mit seiner Pistole anzuvisieren. Wenn ich manchmal versucht habe, mir das Darknet nicht als Netz aus Servern vorzustellen, sondern als einen echten, physischen Ort, dann hat es genauso ausgesehen wie das hier. Ein echtes Schattenreich. La Catrina würde sich hier zu Hause fühlen. Ich nicht. Ich will hier raus. Sofort.

Schließlich zeichnet sich das Ende der Halle ab, wir nähern uns der großen Mauer, teilen uns ohne Kommando auf und schwärmen aus.

Ich bin es, die endlich ein Fenster findet. Es ist ohne Glas, aber von außen mit Brettern verrammelt wie das andere vorhin auch. Zwischen den Ritzen hindurch sehe ich Lichter von Straßenlaternen und von einem vorbeifahrenden Auto.

»Hier, Leute«, rufe ich. »Hier geht's nach draußen.«

Rasch kommen die anderen herbei. Yu-Mi hat irgendwo eine Eisenstange aufgegabelt, die sie Benni in die Hand drückt.

»Mach du das«, sagt sie, »du kommst mir so brachial vor.«

Benni lacht hohl, setzt die Stange wie ein Brecheisen an und bricht die Bretter aus der Öffnung.

Wir klettern hinaus, wie man aus einem komischen Traum erwacht – ein bisschen schummrig und benommen. Froh, wieder in der Realität angekommen zu sein. Alles wirkt auf einmal, als wäre es nie geschehen. Wir stehen an einer ganz normalen Straße. Hier bin ich doch eben erst mit meinem Bike entlanggefahren. Zu meinem Treffpunkt mit Daemon.

Benni klopft sich die Hose ab und schüttelt den Kopf.

»Mann, Clay ...«, murmelt er.

Yu-Mi nickt zu ihm hinüber und fragt mich: »Was denkst du – ist das echt oder spielt er das?«

»Hey«, macht Daemon entrüstet. »Wir haben damit wirklich nichts zu tun. Wer auch immer diese Frau ist ... sie und ihre Auftraggeber haben unseren Fake geklaut.« Er sieht mich an, dann Yu-Mi, dann wieder mich. »Vorschlag«, sagt er. »Wir suchen einen Laden, wo es schon Kaffee gibt, setzen uns zusammen und analysieren ganz in Ruhe die Lage.«

Aber ich winke ab.

»Wie gesagt«, antworte ich, »wir müssen ein Basketballspiel gewinnen.«

18

Giusy mustert uns skeptisch. Wir sind verschwitzt und durchgefroren, unsere Klamotten verdreckt, aber wir wirken offenbar motiviert.

»Ich hoffe, ihr habt eine gute Erklärung parat«, sagt sie nur. »Für eure Verspätung jetzt. Und du, Celina, für dein Fehlen beim Training am Donnerstag.«

»Haben wir«, nickt Yu-Mi.

»Aber die würdest du uns nicht glauben«, sage ich.

Ich glaube sie selbst kaum. Inzwischen dämmert es längst, am Horizont flammt ein roter Sonnenball auf und taucht unsere Sporthalle in feierliches Herbstsonntagmorgenlicht. Mit den anderen Mädels um uns herum ist es unvorstellbar, dass wir vor einer halben Stunde noch auf der Flucht vor den Schergen der Firma MetzCon durch eine Fabrikruine geirrt sind. Also vor Leuten, die *behauptet* haben, es zu sein. Oder vor welchen, die nur *behauptet* haben, dass sie behaupten, es zu sein ... alles dreht sich in meinem Kopf, sobald ich versuche, den Ablauf nochmals zu rekonstruieren.

Unser Abschied von Daemon und Benni ist recht kühl ausgefallen. Für ein paar Minuten sind wir Gefährten gewesen, richtig zusammengeschweißt durch eine unheimliche Bedrohung. Aber das war nur kurz und ich werde vielleicht nie erfahren, ob diese Bedrohung nun echt war oder nur inszeniert – eine Täuschung in einer Täuschung in einer Täuschung, was weiß ich. Keine Ahnung, ob ich je wieder von Daemon hören werde. Oder ob ich mich bei ihm melde.

Auf der Fahrt hierher haben wir uns die Aufnahmen auf Yu-Mis Handy angesehen. Der Ton ist schlecht und das Bild noch schlechter. Von der Frau, die mit dem Auto aufgetaucht ist, und von dem Auto selbst kann man so gut wie überhaupt nichts erkennen.

»Okay«, sagt Giusy jetzt. »So, wie ihr ausseht, muss es was Wichtiges gewesen sein. Und außerdem brauchen wir euch. Also los, kommt.«

Unser ganzer Trupp setzt sich in Bewegung Richtung Straßenbahnhaltestelle.

»Verrückt«, sage ich leise zu Yu-Mi. »Keine Ahnung, ob ich das je klarkriege.«

»Wusstest du, dass es hilft, wenn man seine Erlebnisse einfach aufschreibt? Dabei kannst du gut deine Gedanken sortieren.«

»Aufschreiben?« Ich schaue sie zweifelnd an. »Und dann? Rituell verbrennen oder was? Auf so eine Therapienummer hab ich keinen Bock, glaub ich.«

»Du musst es ja nicht verbrennen«, sagt sie. »Du kannst es doch auf meinem Blog veröffentlichen. Na, wie wär das?«

»Das wär ...« Quatsch, will ich sagen. Ist es aber vielleicht gar nicht.

Kurz stelle ich mir vor, dass Daemon es lesen würde. Der Gedanke gefällt mir. Und egal, ob er das liest oder nicht, ob ich je wieder Kontakt zu ihm haben werde oder nicht – die Idee, es aufzuschreiben, macht mir ein gutes Gefühl. Ich sehe die Geschichte quasi schon vor mir. Ich glaube, ich fange mit dem Abend an, an dem ich den DDoS-Angriff auf den Pizzaladen gefahren habe. Der Abend, an dem ich die Mail mit dem Rätsel bekam. Obwohl ich hauptsächlich auf dem /b/-Board abhing. Davon würde ich natürlich auch erzählen. Kann man das? Eine Geschichte anfangen mit Penisbildern? Mal sehen, wie Yu-Mi das fände. Bloß das Ende muss ich mir noch überlegen. Wäre natürlich toll, wenn wir nachher das Spiel gewinnen. Das käm doch gut, so als Schluss dieser kleinen Story.

Wir erreichen die Straßenbahnhaltestelle. Reihen uns im Morgenlicht auf. Die Straßen sind fast menschenleer um die Uhrzeit, kaum jemand wartet mit uns hier an der Haltestelle. Auch die Abfahrtszeiten an der Anzeigetafel über unseren Köpfen sind noch sehr übersichtlich. Wie es an einem frühen Sonntagmorgen eben ist. Doch die Anzeige flackert plötzlich. Die Nummern der Straßenbahnlinien und die Zeitangaben verschwinden. Für einen Moment steht da:

Z1ll3 m4ch5 6u7 und d4nk3. d43mon. (Zille, mach's gut und danke. Daemon.)

Und im nächsten Augenblick ist es verschwunden und stattdessen wird wieder die baldige Ankunft der Linie dreizehn angekündigt.

Verwirrt will ich Yu-Mi anstupsen. Doch die stupst genau im selben Moment mich an. Auf der Straße direkt vor uns hat ein schwarzer SUV angehalten. Porsche. An der Beifahrertür fährt kurz die verdunkelte Scheibe herunter und Yu-Mis Basketball fliegt auf uns zu. Yu-Mi schnappt ihn sich. Schon fährt die Scheibe wieder hoch und der Wagen braust davon, ohne dass wir im Inneren jemanden haben erkennen können. Ja, wir sind sogar so entgeistert, dass wir nicht mal auf das Kennzeichen geachtet haben.

»Wer war das?«, fragt Philine neben uns. »*Was* war das?«

»MetzCon«, murmelt Yu-Mi bleich und presst ihren Ball an sich.

Ich flüstere: »Ein angemessenes Ende.«